共に、前へ　羽生結弦
東日本大震災
10年の記憶

日本テレビ
「news every.」
取材班

祥伝社

はじめに――伝える〝使命〟

羽生結弦の目前には、一面の更地《さらち》が広がっていた。

生い茂った雑草の隙間からは、わずかに住宅の基礎が見える。

「ここ、全部家だったんですよね……」

ここはかつて、住宅街だった場所だ。

２０１４年６月。東日本大震災から３年後、羽生は宮城県石巻市を訪ねた。

津波の被災地を歩くのは、初めてのことだった。この辺りには、当時高さ６・９メートルの津波が押し寄せ、家々をのみ込んだ。羽生が訪れた時には、瓦礫《がれき》の撤去がほぼ終わり、更地となっていた。

「ここにはたくさんの人がいて、たくさんの人が住んでいて……それが今、全くないわけじゃないですか」

わずかに残された生活の跡を見て、羽生は人々の失われた暮らしに思いを馳せた。

10年前のあの日。羽生もまた、宮城県仙台市で震災にあった。内陸に住んでいたため、津波の被害は免れたが、自宅は後に全壊と判定され、避難生活を送った。

東日本の広い範囲を襲ったマグニチュード9の地震。12万戸以上の住宅が全壊した。沿岸部には大津波が押し寄せ、福島県では、福島第一原子力発電所の事故で多くの住民が避難を余儀なくされた。津波と原発事故の影響がなかった地域でも、建物は大きなダメージを受け、電気、ガス、水道などのライフラインは途絶えた。未曾有《みぞう》の災害による被害は多岐にわたった。羽生のように震災を経験した者でも、その全容を窺《うかが》い知ることはできなかった。

「辛くて、何か泣きそうになる。知らない、本当に分からないことが多すぎて……」

圧倒されるほどの被害に傷ついた、ふるさと東北。

自分には何ができるのか――。

「ここに何があったかを後世に伝えたい。それはもちろん、これから僕ができることだし、やっていかないといけないことだと思います」

震災の記憶を、人々の記憶を、後世に伝えていく。

はじめに
—— 伝える“使命”

「震災を知っている年代がいなくなって、ここら辺とか普通の街になっていたとしても、もし他のところに地震が起きた時の答えを探すきっかけになればいいなって思います」

それは、震災を生き延びた者の使命だと、羽生は捉えた。

２０１４年のソチ、２０１８年の平昌と、フィギュアスケート男子シングルでオリンピックを連覇した羽生結弦選手。

本書は、日本テレビの報道番組「news every.」で２０１１年から10年間、羽生選手と震災との関わりをテーマに取材してきた記録をまとめたものである。

震災と向き合い、その記憶を伝えていく。羽生選手がそう思えるようになるまでの様々な葛藤《かっとう》を、私たちは見てきた。

地震の瞬間、感じた恐怖。

自らの幸運に抱いた、後ろめたさ。

震災について語りたくないと思ったこともあった。

オリンピックの金メダルに無力感もあった。

一方で、震災を通じて人の温もりにも触れた。

仙台で震災にあった当時16歳の少年、羽生結弦は、何を思い、感じ、そして被災地の人々とどのように向き合ってきたのか。被災地の人々は羽生にどんな思いを伝えたのか。

2011年3月11日――東日本大震災を語り継いでいくために、羽生選手の記憶を記録として残し、後世に伝えていきたいと思っている。

CONTENTS

第5章

2014年 19歳 感謝の旅 —— 75

第10章 動き出した〝時間〟 2020年 25歳

第11章 東日本大震災から10年 2021年 26歳

デザイン　小口翔平＋奈良岡菜摘＋須貝美咲（tobufune）
図版　篠 宏行
DTP　キャップス

※本書の印税と売り上げの一部は震災復興支援のため寄付します

第1章

2011年3月11日

16歳

東日本大震災と避難生活

２０１２年１月。

羽生結弦は、私たちの取材で、震災当時に避難していた学校を訪ねた。

「ここら辺にいたんだと思います」

10カ月前は避難所になっていた体育館に入った羽生は、ある一角を指差した。羽生が家族４人で過ごした場所だ。

「スペース的にはこの幅くらいで、このくらいかな」

それは、２畳ほどのスペースだった。

「家族４人で、みんなで座って。みんなでうずくまって寝ていました」

羽生は、当時過ごした場所で、当時と同じように体育座りをした。

そして、あの日の経験を語り始めた。

3月11日午後2時46分――その瞬間

２０１１年3月11日。

羽生は、いつも通り宮城県仙台市のスケートリンクで練習をしていた。当時16歳、東北高校に通う1年生だった。練習拠点のアイスリンク仙台は、仙台市の中心部から電車で15分ほど、閑静な住宅街があるエリアに位置していた。羽生はこのリンクで4歳の時からスケートを習い始め、将来、オリンピックで金メダルを取ることを目標に練習に打ち込んでいた。

そして、午後2時46分。

東北沖でマグニチュード9の大地震が発生した。

最大震度は7を観測。

羽生が住んでいた仙台市も震度6強の揺れに襲われた。

関東から北海道まで、広い範囲で沿岸部に大津波が押し寄せ、１万５８９９人が死亡。

２５２６人の行方が今なお分かっていない。（警察庁２０２１年3月10日）
戦後最大、未曾有の災害だった。

地震の瞬間、羽生はジャンプの練習をしていたという。

建物自体が大きく揺れた。氷も揺れた。

立っていられないほどの、これまでに体感したことのない揺れ。

閉まっていた扉が開き大きな音がした。天井がずれてヒビが入り、柱も斜めになっていた。

「扉がバーンって開いて。ずれてるし、やばい、やばいって思った」

電気も消えて、窓から漏れるわずかな明かりのみとなった。

羽生は、このままリンクが倒壊すると思ったという。

「本当に潰《つぶ》れると思ったんですよ、このリンク自体が、バタンって。潰れたら終わりじゃないですか。すごく怖かった」

もう終わるのかな……。そんな恐怖の中、羽生はスケート靴のまま外に飛び出した。

大事な靴のブレードは、ボロボロになってしまった。

外に出ると、雪が降ってきた。

変わり果てた故郷

自宅に向かった羽生が目にしたのは、変わり果てた故郷の姿だった。

折れた電柱。

崩壊した建物。

水道管が破裂し、水浸しになった道路。

「自分たちの住んでいた街が崩壊していく……」

仙台で生まれて、幼稚園に通って、スケートを始めた。小学校、中学校、高校と、家族や友達と過ごしてきたかけがえのない、ふるさと。

「言葉にできないほどの無力さというか、悔しさを感じました」

こんなにも、人は無力なのか。

自然災害とはこれほど凄いものなのか。

何ともいえない恐怖感があったという。

自宅に帰ると、壁には亀裂が入り、電気、ガス、水、全てのライフラインが止まっていた。家具は倒れ、床には物が散乱していた。自宅は後に、全壊と判定された。

父は仕事で帰宅しておらず、母と姉、3人で家の片付けをした。

「暗くなって電気も使えなくて、避難したいねっていう話をして荷物をまとめました」

夕方になり暗くなってきた頃、明かりすらない状況で3人は避難を決める。

避難所で撮った1枚の写真

避難所は少し離れた小学校の体育館だった。学校に到着した頃には、すっかり夜になっていた。途中の道路では、ビルの窓ガラスが割れて散乱。水道管から水も吹き出していた。

「9時？　時計がなかったしよく分からなかったですけど、暗くなってから着きました」

そこには、すでに大勢の人々が避難していた。

「わあ、いっぱいだな」

そう思いながら、羽生は辺りを見渡した。

広い体育館の中には、駐車場や工事現場などで見かける三角コーンがいくつも立てられていて、通り道と避難してきた人々が休む場所が区切られていた。

羽生と家族は、避難者向けのエリアに、２畳ほどのスペースを見つけた。すみません、と言いつつ人々の間を進み、空《あ》いていたスペースに荷物を置いて座った。羽生は大切なスケート靴も持ってきていた。

「僕たちは後のほうで来たので、この隙間《すきま》に入っていったんです。僕と姉のスケート靴が入ったバッグが大きかったので。でも家族も持ってこないといけないものもあったので、荷物でだいたい半畳くらいはつぶれていました」

疲れたね、母や姉とそんな会話をしながら、仕事で不在の父の身を案じていた。

当時、羽生はiPodで1枚だけ、写真を撮っていた。

「ここからこう撮ったんですよ、寝ながら」

実際に寝転がりながら、当時の状況を説明した。

羽生が撮影した写真には、体育館に大勢の人がすし詰めになっている様子が写っていた。

当時この体育館には、およそ４５０人が避難していた。

炊き出しは、一日2食。その後合流した父を含め、家族4人で分け合った。

震災前、子供たちが元気に駆け回っていた校庭には、仮設トイレが設けられた。給水車も来て、住民たちが長い行列を作った。さらに一面に避難してきた人々の自家用車が停まっていた。

「非現実っていうか……。現実離れしすぎた校庭でした。地震が起きて避難所にいるっていうことが信じられなかったですし、果たして現実なのか夢なのか定かではなかった」

体育館の壁にかけられた時計は地震発生時の時刻、午後2時46分で止まっていた。

「地震の時、ぴったりで止まっているんですよ」

以前見た、白黒の写真が思い浮かんだ。

太平洋戦争末期、広島と長崎に原子爆弾が投下された直後に撮影された、その時間ぴったりで止まった時計の写真だ。その写真を見た時に、羽生は歴史を感じたという。この震災の写真も、いつか将来、未来の子供たちが見るかもしれない。

「何百年とか経った時に、僕が原爆の資料を見た時のように、子供たちが見るのかなという気はしました」

動かない時計を見るたびに羽生は、地震が起きた瞬間からずっと抜け出せない感じがしたという。

体育館のわずかなスペースに寝転び、羽生は天井を見つめた。

「日本はどうなるんだろう。
本当にまた電気は復活するのかな？
またおいしいご飯が食べられるようになるのかな？
もしかすると、もうこれ以上、ご飯は食べられないのかもしれない。
本当にまた、みんなが以前と同じように住めるようになるのかな？」

そんな考えが頭をよぎる。不安が、押し寄せた。

満天の星

大きな余震は何度も起きた。

地震が起きると、天井がギシギシと音を鳴らして揺れた。そのたびに、校庭に避難した。

「すごく揺れて。ああまた地震が来てる、地震が来てる……って。家が潰れているんじゃないかとか、ずっと考えていました」

この瞬間にも自分たちの家は潰れているんじゃないか。

余震のたびに、新たな恐怖が襲ってきたという。

夜は、不安と恐怖でなかなか寝つけなかった。

明け方近くにようやく眠りにつくと、夢の中でも揺れが起きた。

「寝てて……揺れるんですよね、夢の中で。リンクの風景を思い出しちゃうんですよ」

地震の瞬間のリンクの様子、恐怖に駆られた自分自身の様子……地震の瞬間が夢の中で再現された。

「いろんな視点から夢の中で見ちゃうんですよね。そういう夢ばっかり見ていました。……つらかったですね」

絶望の中……。羽生の心に残った光景があった。

それは、3月11日の夜、真っ暗闇の中で、避難所に向かう途中に目にした、満天の星。

「星はきれいでした。震災の日」

夜空いっぱいに輝く星を目にすることができたのは、地震で起きた停電のためだった。

普段の仙台市は真夜中でも街灯が消えることはない。街の明かりで星の輝きが見えにくくなるが、電気が止まり、真っ暗闇となった街には、星の輝きを妨げるものはなかった。

「真っ暗だったから、本当に星がきれいで。すごくきれいでした」

美しい星空に、さまざまな思いが浮かんだ。

「星の光が目立つからこそ、本当に真っ暗なところにいるんだなと思いました」

しかし、どこか癒《いや》されるような感じもあった。

「僕らは真っ暗な状況で全然立ち直れなかったにもかかわらず、星はすごく輝いていました」

美しい満天の星に、羽生は希望の光を感じたという。

東日本がこんなに変わってしまっても、星は変わらず輝き続ける。

その光景は、羽生の心に強い印象を残した。

羽生にはもう一つ、心に残ったことがあった。

当時、避難していた学校の校長だった早坂公一さんら、教職員の姿だ。

早坂さんは努めて明るく振る舞い、避難所を取り仕切っていた。お菓子の差し入れがあると、子供たちを集めてゲームをした。教職員は、炊き出しをして避難者に配った。

家族が帰りを待っているだろう教職員も学校に残り、避難してきた人々に寄り添っていた。

「自宅に帰りたいっていう思いもすごくあると思います。自らも被災していて、家族もすごく心配だったと思います。それでも僕たちのことを最初に考えてくれて、本当に嬉しかったです」

物資を運んでくれた自衛隊。

給水車。

店にある食べ物を持ってきてくれたパン屋さん。

その気持ちが、羽生はとても嬉しかった。本当にありがたかった。

教職員が作ってくれた、アルファ化米のわかめご飯。家族で分け合って食べた。アルファ化米は、水やお湯を注げば、炊いたご飯のようになる。学校では非常食として備蓄していた。

「冷たいんですよね。水で作ってるので。硬いんですよ。水だとふやけきらないんですよね」

それでも、すごく美味《おい》しかった。少しずつ、時間をかけて食べた。

「すごく丁寧に食べました。フタについたわかめも食べますからね、もったいなくて。すごく贅沢でした。美味しかった」

わずかな量だったが、それでも。

「お腹いっぱいって思っていました、その頃は。いっぱい食べた、って」

一人一人みんなで力を合わせ、支え合い、助け合って生きている――。

「震災にあっていろんな感情が生まれました。人々の助け合い、支え合い、そういうものはここで感じたものであって、震災で感じたことであって……」

どんなに辛く苦しい時も、人は一人ではない。

震災で感じたその思いは、その後、羽生に大きな力をもたらすことになる。

「スケートをしたい」と言ってはいけない

一方で、スケートへの思いは抑え込もうとしていた。

羽生は給水車や避難してきた人々の車の間を縫って、校庭を走った。避難所では特にすることもなく、不安と余震への恐怖が押し寄せてくる。

だから何も考えられなくなるように、とりあえず走ろう、そう思った。

走りながらも、頭の中は混乱していた。

「何でこんなところにいるんだろう……。

何でこういうところで走っているんだろう」


練習ができなくなっても、体力は落としたくなかった。

スケートをしたい――。もちろん、その思いはあった。

「スケートやりたいなって。やりたいっていう思いはすごくありましたけど。だけどそれを口から出せるか、自分の口から出せるかって言ったら、絶対出せなかったし」

その思いを口にすることはなかった。

「またみんなで美味しいご飯とか、お風呂とか……。みんなで過ごせる日々がまず戻ったらいいなって」

まずは生活の立て直しが大事だった。

「別に自分はスケートをやらなくてもいい。自分だけ好きなことをやっちゃいけない……」

そう言い聞かせていた。

スケートはこのまま辞めるのかな……そんな思いもあった。

羽生が練習していたアイスリンク仙台も、震災で大きな被害を受け、閉鎖されていた。

羽生は練習の拠点も失っていた。

2011年3月　避難所で

（提供：羽生選手の避難先）

2011年3月　羽生選手の避難先には当時約450人が避難

校庭には自衛隊の車両や給水車が

教職員が炊き出し

2011年3月　羽生選手が撮影した写真

2012年　避難所を訪ねる

羽生選手が避難した学校（2012年撮影）

COLUMN

東日本大震災と避難生活

２０１１年3月11日午後2時46分。三陸沖を震源とするマグニチュード9の大地震が起きた。

宮城県栗原市では、最大震度7を観測。福島、栃木、茨城では震度6強、東京でも震度5強を観測するなど、戦後最大の地震となった。

東日本の太平洋沿岸には広い範囲で大津波が発生。福島県では東京電力の福島第一原子力発電所事故の影響で多くの住民が避難を余儀なくされた。

１万５８９９人が死亡。６１６７人がケガ。いまなお２５２６人の行方が分かっていない。（警察庁２０２１年3月10日）

住宅にも大きな被害が出た。全壊が12万２０００戸、半壊28万３１１７戸、一部破損は、73万１５７３戸にのぼった。（警察庁）

電気やガス、水道などライフラインが止まり、ピーク時には、約47万人が学校の体育館などの避難所ですごした。道路も大きな被害を受けたため通行止めが多発。救援物資や救

震源と震度

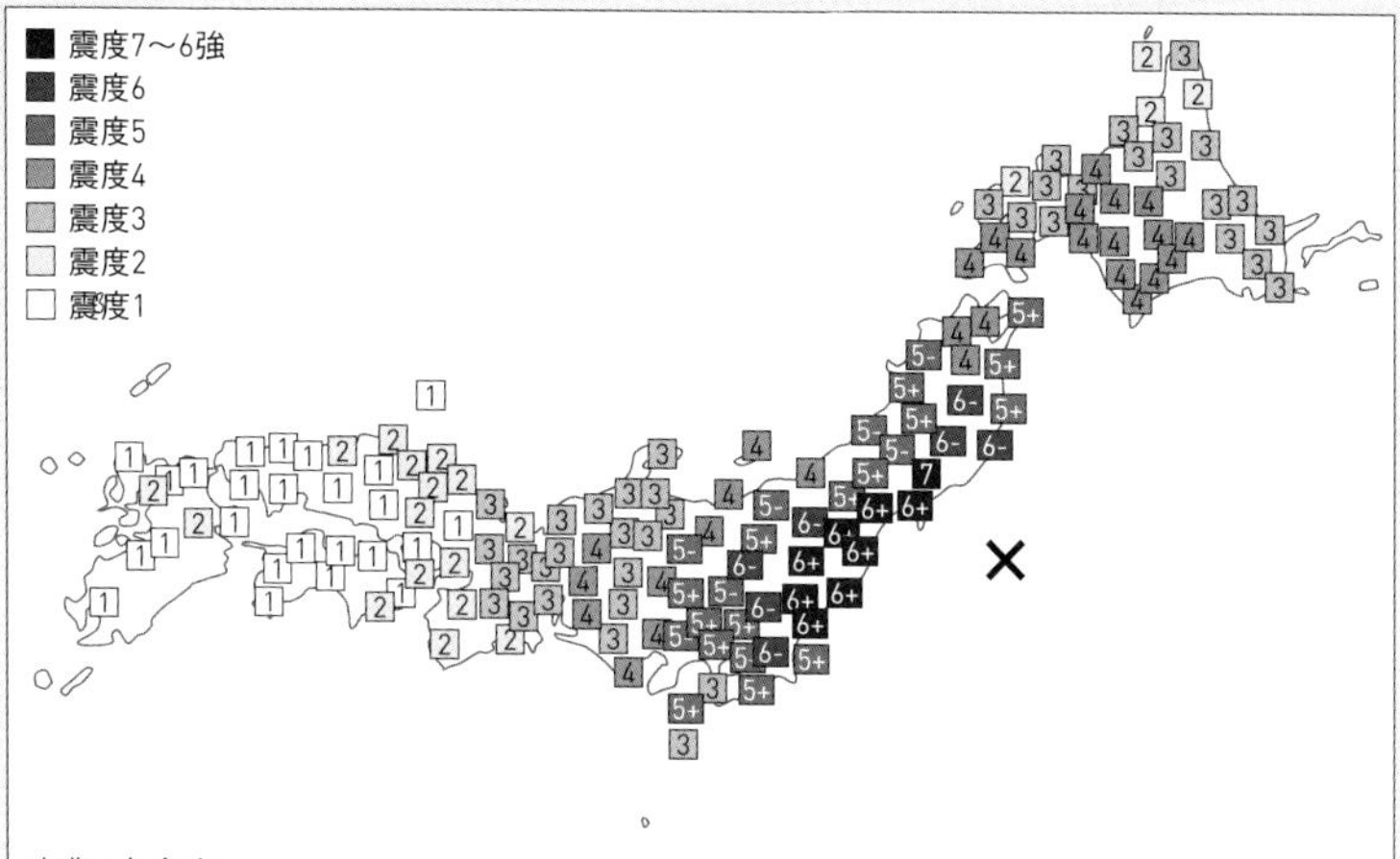

出典：気象庁

震源地:北緯38度06.2分　東経142度51.6分
震源の深さ:24km　マグニチュード:9

助活動などの大きな妨げとなった。物流にも影響が出て、ガソリンなどの物資も不足した。

　また、避難生活による肉体的・精神的疲労や、病院の機能停止による初期医療の遅れなどで、高齢者を中心に、震災後に死亡する例も相次いだ。こうした震災関連死は、２０２１年３月31日時点で３７７４人となっている。（復興庁）

羽生選手が住む宮城県仙台市内陸部の被害

2011年3月12日
せんだいメディアテークでは
7階の天井が落下
（提供：仙台市）

2011年3月12日
五橋バス停が
ビル外壁の落下により破損
（提供：仙台市）

2011年4月2日
道路路肩の陥没
（提供：仙台市）

第2章

揺れる思い

2011年～2012年2月

16歳～17歳

練習再開と東日本大震災チャリティー演技会

スケートをしたい――その思いを心の奥底に抑え込んでいた羽生。

しかし、ほどなく救いの手が差し伸べられた。

世界ジュニア選手権チャンピオンにして、四大陸選手権の銀メダリスト。16歳の羽生は、当時既に日本のスケート界から将来を期待された存在だったのだ。


震災から10日ほど経ち、羽生は母親と仙台を離れた。

神奈川県のスケートリンクで練習ができることになったのだ。


そして震災から1カ月ほどが経った4月。

羽生はフィギュアスケートのチャリティー演技会に出演した。

出演の依頼が来た時、羽生はとても嬉しかったという。

「自分のスケートが求められていたので、それがすごく嬉しかったし、しっかりした自分の演技を皆さんに見せたいと思いました」

自分の演技が、自分のスケートが求められている——練習にも熱が入った。

会場にはおよそ２７００人のスケートファンが詰めかけ、満場だった。当時、スケートファンからは、仙台に住む羽生の状況を心配する声も多く上がっていた。

羽生がリンクに入る。震災後、初めての公の場での演技。

演目は、「ホワイト・レジェンド」。前年のショートプログラムだ。「白鳥の湖」を編曲したバイオリンの調べにのせ、羽生は舞った。

「自然の脅威だとか、静と動を表現したいなと思いました」

それは、当時の羽生自身の状況にも重なるものだった。

滑り終わった羽生に、満場の観客は総立ちで拍手喝采《かっさい》を送った。

観客がいるスケートリンクにまた、戻ってこられて演技ができた。

「本当に泣きそうでしたね。スケートをまた始められて良かったなって思いました」

自分にできることは、スケート——。そう感じた。

自分は、スケートを一生懸命頑張っていく……。

羽生に降り注いだ温かな拍手は、その原動力になった。

そして「ホワイト・レジェンド」は、羽生にとって特別なプログラムになった。

その後、春から夏にかけて全国各地で行なわれたアイスショーにも羽生は出演した。

スケート界全体が羽生を支援しようと、各地のアイスショーに呼んでくれたのだ。

羽生の拠点、仙台のリンクは閉鎖が続いていたが、羽生は各地でアイスショーに出演する傍《かたわ》ら、練習を続けることができた。また、青森県八戸市のスケートリンクは、一般には閉鎖している期間に、羽生のために特別にリンクを開けてくれた。

スケートリンクの電気は消えたまま。窓からの薄暗い光を頼りに練習したという。

「震災のことを唯一忘れられる時間が、スケートの練習に打ち込んでいる時でした」

当時の思いについて、羽生は後にそう語った。

そして、スケートができること自体が、嬉しかった。

「スケートの練習ができることは当たり前じゃないんだなって思いました。多くの人々に支えられて、自分はスケートができている。だからこそ、練習を頑張ろうっていう気になれました」

そんな思いを胸に、これまでは逃げていた、と苦笑する体力強化の練習にも積極的に取り組んだ。

羽生に差し伸べられた、多くの救いの手。

もちろん、感謝の気持ちでいっぱいだった。

しかし同時に、後ろめたい気持ちも感じていたという。

「仙台の希望の星」　揺れる思い

羽生は震災後、仙台を離れ、スケートの練習を続けることができた。

それはもちろん、ありがたいことだった。しかし恵まれた状況は同時に、羽生に後ろめたさももたらした。

当時、夜になると羽生は、自ら避難所で撮影した写真を見ていたという。

故郷ではまだ、大勢の人々が避難所での暮らしを余儀なくされている。

津波で壊滅的な被害にあった地域では、復興の道筋も見えていない。

「避難所にまだいる方々に対して……。被災地にまだいる人たちに対して、本当に申し訳ないなって思いました」

申し訳ない気持ちで、いっぱいだった。

「自分のスケートのために、自分だけが逃れていて……。逃れていて本当にいいのかなって……」

そんな思いとは裏腹に、羽生は「仙台の希望の星」としてメディアに取り上げられるようになった。

アイスショーで会見が行なわれるたびに繰り返し聞かれる、被災地についての質問。

「少しでも東北の誇りを持って、自分の演技で東北に元気になってもらえたらなと思っています」

羽生は〝被災地の代表〟として質問に答え続けた。

それは、16歳の少年が受け止めるには、大きすぎる重荷だった。

「ただのスケーターなのにっていう思いが強かったです。〝仙台の〟スケーターじゃなくて、羽生結弦としてのスケーターなのに、何でこんなに重い物を背負わないといけないんだろうって……」

後に羽生は、当時の心境をそう語った。

なぜ、アイスショーに出るたびに、被災地出身と言われ続けなければいけないのか。

なぜ、自分は「被災地のために」と、言い続けないといけないのか。

「そんなのできるわけないって思いました。本当に無理でした。重圧に負けそうになりました」

押しつぶされそうなほどの重圧。逃げ出したい気持ちにも、なった。

ふるさと仙台への思いと「アイスリンク仙台」の再開

この頃、羽生には、ふるさとへの思いが募っていた。

早く仙台に帰りたい――、私たちの取材にそう話した羽生が、仙台を離れ、全国を転々としはじめてから３カ月以上が経っていた。

「以前と同じように、みんなと過ごして、学校に行って、仙台でスケートをしたい」

失われた日常を取り戻したかった。

精神的にも肉体的にも、疲労が溜まっていた。


震災から４カ月が経った７月、嬉しいことがあった。震災で閉鎖されていた羽生の練習拠点、アイスリンク仙台が再開したのだ。

４カ月ぶりのホームリンク。入り口を入ると、スタッフから「おかえり」と声をかけられた。復旧工事が終わりペンキも新しく塗られたリンクは、以前よりも少しきれいになったと感じた。未曾有の震災からわずか４カ月での再開は、大変なことだったに違いない。再開に向けて尽力してくれた方々へ、感謝の気持ちが溢れてくる。

急ぎ足でリンクに向かうと、懐かしい人々の笑顔が羽生を迎えてくれた。

４歳の女の子が「ゆづ！」と近づいてくる。子供が大好きな羽生が可愛がっていた少女だ。

「元気だった？　ちゃんと練習してた？」

羽生の問いかけに、少女は嬉しそうにうなずく。

羽生も自然と笑顔になる。

リンクサイドから身を乗り出し、懐かしい人々に手を振った。

「みんな、久しぶり！」

今日という日を忘れない

早速、スケート靴に履き替えて、氷へと向かう。

スケートリンクに入る前、一瞬立ち止まって、氷を触った。

久しぶりの、ふるさとの氷の感触。去年も、おととしも、その前も。ずっと滑ってきた氷。

感動して涙が出そうになった。

ふるさとのリンクで跳ぶ、最初のジャンプは決めていた。

トリプルアクセル、3回転半ジャンプだ。羽生にとっては、最も得意で、特別なジャンプ。

そして、仙台を離れている間に跳べるようになった、新しい4回転ジャンプも跳んでみせた。

美しく成功させると、チームメイトが拍手で祝福してくれた。

失敗しても、励ましてくれた。

それはいつも通りの光景だった。普段通りだった。非日常から日常に戻った感じがした。

「今はとにかくこのリンクできつい練習をしたい。走り込みをして、プログラムを繰り返して、ジャンプを跳び続けて、スケートの技術を向上させたいです」

今日という日を忘れない。この1秒1秒を大切にしたい。

羽生は、そう心に刻んだ。

「〝がんばろう東北〟とか書かなくていいから」

8月、羽生は地元仙台の寺を訪ねた際、参道にある馴染《なじ》みの店にも立ち寄った。

揚げたての大きな油揚げや、焼きめしと呼ばれる味噌の焼きおにぎりなどの名物を食べるのもお参りの楽しみの一つだった。

店主も顔馴染みだ。

「頑張ってね」

店主に声をかけられた。

羽生は子供の頃から地元メディアに取り上げられてきたので、店主も羽生が将来を期待されるスケート選手だということを知っている。

「はい、頑張ります」

羽生が笑顔で返すと、店主は続けた。

「〝がんばろう東北〟とか書かなくていいから、自分が頑張る。そうすればみんなが喜ぶ。頑張ってね」

自分のために頑張れば、みんなが喜ぶ。

〝仙台の希望の星〟――。その重圧に押しつぶされそうだった羽生の心を少し軽くしてくれる言葉だった。子供の頃から羽生を見てきた店主の言葉は、温かかった。本当に、自分が頑張らないといけない。

震災後初の試合――「自分のために戦う」と言い聞かせる

その翌月の9月、いよいよフィギュアスケートの新しいシーズンが幕を開けた。

それはスケーター羽生結弦の快進撃の始まりだった。

ドイツで行なわれた初戦のネーベルホルン杯で優勝。主要な国際大会、グランプリシリーズでも優勝した。


氷の上では一人、孤独な戦い。

被災地のためではなく、自分のために戦う。

羽生は、そう言い聞かせてシーズンに臨んでいた。


後ろめたい思いはまだ抱えたままだった。

あの日、避難所で撮った写真を眺めることもあった。

「写真を見ていると頑張らなきゃっていう思いになりました、すごく。とにかく頑張る。

勝ち負けとかじゃなくて、頑張んなきゃっていう強い気持ちが生まれました」

ふるさとはまだ大変な状況が続いている。

でも、自分は……震災から逃れている。その思いは消えなかった。

「スケートやっているんだから、自分は逃れているんだから、震災から逃れているんだから、僕にできる何かをしないと申し訳ない」

だから、とにかく頑張る。それは強い気持ちになった。

フラッシュバック

一方で、震災の記憶からも逃れることはできなかった。

「振り返りたくはないですけどね。震災の最中の話はあまり振り返りたくはないですけど、結構思い出しちゃう時もあります」

それは例えば、試合が終わった後、寝る前に試合を振り返る時。

自分の行動を思い出していると、いつの間にか記憶が遡《さかのぼ》っていく。

3月11日、地震が起きた瞬間まで、遡ってしまう。

経験したことのない揺れ。リンクが潰れて、自分は死ぬかもしれない。

リンクの揺れが、その時の自分の姿が、氷の感触が、鮮明に脳裏に浮かぶ。

恐怖が蘇《よみがえ》る。

「嫌だ、もう嫌だ嫌だ、って思って……」

そう思いながらも、眠ろうとする。しかし、ほとんど寝られないまま朝を迎えるのが常だった。

フラッシュバックはその後、数年間続いたという。

被災地からのたくさんの手紙

そんな羽生の励みになったことがあった。

羽生の元には、たくさんの手紙が届いた。

「羽生君の演技を見て、力が出てきました」

「勇気づけられました」

「また、頑張ろうと思えた」

そんな言葉が綴《つづ》られた手紙は、被災地からも届いていた。

試合に優勝して帰国すると、東北高校の同級生たちが出迎えてくれた。

「おめでとう」の横断幕。出迎えた同級生一人一人と手を合わせた羽生は、自然と笑みがこぼれた。

同級生たちが声を揃える。

「せーの、優勝おめでとう！」

自分の勝利を喜んでくれる人たちがいる。それは、嬉しい驚きだった。

背負う覚悟

２０１２年１月。

羽生はアイスショー出演のため、仙台空港に向かった。仙台空港へ向かう道は、国内や海外の遠征が多い羽生にとっては通い慣れたものだった。

「震災後、初めて仙台空港に行った時は、唖然《あぜん》としました」

仙台空港や周辺の住宅街は、津波で大きな被害にあった。空港のターミナルビルには高さ約３メートルの津波が到達し、一時完全に閉鎖された。

その後、自衛隊や米軍などの懸命な復旧作業により、震災から約１カ月後の４月には国内線の一部が再開にこぎつけたが、空港周辺には津波で流された民家や車、防潮林などが散乱し、ガードレールや電柱は折れ曲がっていた。

「空港の壁にも線が入っているんですよね、上のほうに」

その壁の線は、津波で浸水した跡だった。

羽生がよく立ち寄った馴染みの飲食店も、コンビニエンスストアも、道路脇に立ち並んでいた住宅もなくなっていた。

「本当に……不思議な気持ちになるっていうか……たった一回の地震で、津波も来て、こんなに大きな被害になるんだって」

以前は海岸沿いには防潮林が密集し、海は見えなかった。しかし木々も津波で流され、見えないはずの海が見える。

羽生が見慣れた光景は、失われていた。

それでもまだ、実感は湧かなかった。現実とは受け止められなかった。

「そこにあったはずの風景が残像のように見える」

そう羽生は話した。


ふるさとの傷は、あまりにも深い。

でも、羽生の活躍を見て、元気づけられたという声も多く届いた。

以前は、自分が勝ちたい、その思いでスケートをしてきた。

それが今は、〝自分のスケートは自分一人のためのものではない〟と感じられた。

「応援があって、いろんな人とつながっているから、自分はスケーターとしていられる」

自分がふるさとの希望になれているかどうかは分からない。

でも。

「そういうふうに思ってくれる人がいるなら、希望と思ってもらえる演技をしなければならない。もっと、頑張らないとなって思います」

特別な震災のシーズンを締めくくる、世界選手権では、その思いを背負って滑りたい。

仙台の希望の星。

以前は逃げ出したくもなったその重圧を、背負う覚悟ができた。

2011年～2012年
揺れる思い　16歳～17歳

2011年4月　東日本大震災チャリティー演技会（当時16歳）　（提供：アフロスポーツ）
震災後初めて公の場で演技　演目は「ホワイト・レジェンド」

2011年7月　仙台を離れて横浜で練習（当時16歳）

震災後のシーズンで快進撃
2011年9月 ネーベルホルン杯優勝
（提供：picture alliance/アフロ）

2011年11月 ロステレコム杯優勝
（提供：アフロスポーツ）

ファンからの手紙が励みに

仙台空港周辺の景色は津波で一変
防潮林の松の木も津波でほとんど流された

第3章

葛藤

2012年3月～2013年2月

17歳～18歳

被災地からの思いを力にして

2012年3月。

震災から1年が過ぎた頃、17歳になった羽生はフランス南部のリゾート地、ニースで行なわれた世界選手権に臨んだ。

初めての、世界選手権だった。

ところが試合直前、羽生をアクシデントが襲った。足首を捻挫してしまったのだ。歩くのも痛いほどだった。

フリースケーティングで、「ロミオとジュリエット」の音楽が始まった。

冒頭の大技・4回転ジャンプは美しく成功させた。

しかし、その後のステップで転倒してしまう。

その時、会場から大きな声援が沸き起こった。

会場全体が、羽生を応援し、後押ししようとしていた。

この試合で、羽生は気づいたことがあった。

自分はふるさと被災地のために、力になる演技をしようと思っていた。

でも、それは違う。

「本当にいろんな方々が応援してくれている。自分は元気をあげる立場ではなく、元気をもらっている立場なんだ」

転倒した直後に控えるのは、難しいトリプルアクセルからの連続ジャンプ。

羽生は立ち上がり、そのジャンプを決めてみせた。

フランスの地で、東北からの応援も感じていた。

残るジャンプも次々と決めていく。

気迫のこもった演技。終了後、場内を埋め尽くした観客は一斉に立ち上がり、大歓声で羽生を称《たた》えた。

震災を通じて気づいたこと

「被災地の応援を受け止められました」

演技を終え、羽生はそう語った。

お辞儀をしてリンクを引き揚げる羽生の目には、涙が浮かんでいた。

「応援があるから頑張れるっていうのを絶対忘れないようにしようと思いました。しっかり応援のパワーを受け取りたい。そのパワーで演技するのが恩返しになると思います」


応援があるから、頑張れる。


以前は氷の上では、一人で戦っていると思っていた。しかし、その戦いは、今はもう孤独なものではなかった。

「自分一人だけでスケーターじゃない。応援があって、いろんな人とつながっているから、自分のスケートはできているんだなって。羽生結弦はいろんな人とつながっているから、スケーターとしていられるんだなって」

どんなに辛く、苦しい時も人は一人ではない。

震災を通じて気づいたことが、羽生に大きな力をもたらした。


試合が終わってみると、羽生は3位に入っていた。

わずか17歳での世界選手権のメダルは、日本男子として最年少の快挙だった。


その後、羽生は、選手としてさらに飛躍するため、練習拠点をカナダに移した。

「仙台から離れたからには、結果を出さないといけない」

そう話した羽生の快進撃はその後も続いた。

そして、帰国するたびに、仙台空港を通った。

自分の〝役割〟　流れる涙

2013年1月。

カナダへの帰途、仙台空港へと向かった羽生は、積み上げられた瓦礫に目を留めた。
「喪失感っていうのは、どうしてもなくならないですよね……。何もなくなっちゃって、全然元に戻っていないわけですから、完璧には」

飛行機に乗るたびに、津波で変わり果てた仙台空港周辺の現状を突きつけられる。震災は自分とは切り離せないものだった。

羽生は18歳になっていた。1年前は、「まだ実感が湧かない、そこにあった風景が残像のように見える」と話していた光景も、時が経つにつれて現実のものと受け止められるようになったという。

空港周辺はほぼ更地になり、ところどころに瓦礫が山積みになっていた。

復興は少しずつ、少しずつ、進んでいた。

羽生は重機で復旧工事をしている人々に目を留めた。
「毎日毎日、努力をしてくださる方がたくさんいて、宮城もたくさんの方々が協力してくれているから、自分は暮らしていけるんだ……」

羽生は自然とそう思うようになったと話した。

支えられていることへの感謝の気持ちや思いは、復興のためにも、前に進むためにも絶対に忘れてはいけない。それは多くの人に支えられている自分のスケートにも通じると感じていた。

「自分も胸を張って頑張れるようにしなければいけないと思います」

話している羽生の目には涙が浮かんだ。

「いや、いや、いや……」照れ臭そうに涙を拭う。

なぜ涙が出るのか、自分でも分からない、羽生はそう話した。感情を分析しきれないのだと。

当時、取材中に羽生は何度か涙を流したことがあった。

それは、自身の辛い経験や思いを語っている時ではなかった。

避難所で炊き出しをしてくれた先生。そして復旧工事に携わる人々。羽生が涙を見せたのは、いずれもそういう人々への感謝の気持ちについて話していた時だった。

震災では、大勢の人々が亡くなった。

自分は無事でいるからこそ、頑張らないといけない。羽生はそう考えるようになっていた。

無事に生きているのにスケートをやってもいいのか——、そう思った日々もあった。

でも、今は。

「せっかく助かった命で、自分は現在に存在している。だからこそスケートを精一杯やることが、何かの意味になればなって思って頑張っています」

人にはそれぞれ役割がある。羽生が見つけた役割がスケートだった。

一方で、羽生は、ほぼ更地となった仙台空港周辺に1軒ぽつんと残る民家が気になっていた。津波で骨組みが剝《む》き出しになった民家。空港への道中必ず目にするこの民家は、津波被害の痕跡が消えつつある中でも、津波の威力を知らしめていた。

なぜ、民家は残されているのか。羽生がその意図を知るのは、もう少し後のことだ。

2012年～2013年
葛藤　17歳～18歳

（提供：アフロ）

2012年3月 初出場の世界選手権で銅メダル（当時17歳）
フリープログラムは「ロミオとジュリエット」
（提供：Enrico Calderoni/アフロスポーツ）

仙台空港周辺

取り壊されずに残っていた民家が気になっていた

第4章

金メダルの「無力感」

2014年

19歳

「ロミオとジュリエット」に震災への願いをこめて

２０１３年。ソチオリンピックに向けて準備が始まった。

羽生のフリープログラムの音楽は「ロミオとジュリエット」だった。２０１１年、震災のシーズンに使ったプログラムと同じテーマだ。曲自体は違うものの、同じロミオとジュリエットを選んだ理由について羽生はこう語った。

「震災があったシーズンにこの曲を滑っていたので。あのシーズンもオリンピックに向けての４年間に入ってくるし、一番大切だと思っています。４年間の集大成として思いをこめてやりたいと思っています」

一番大切で、特別な震災のシーズンを過ごした「ロミオとジュリエット」。だからこそ、特別なオリンピックで、「ロミオとジュリエット」を滑ると決めた。

オリンピックが近づくと、メディアの羽生への注目も高まった。試合後の囲み取材では、たびたび、震災について聞かれることもあった。羽生は、記者の目を見てこう話した。

「震災は運命だったのかなという感じがします」

震災は運命――。

だからこそ。

「一人の人間として強くなっていきたいと、震災を通して、スケートを通して思いました」

とにかく一生懸命頑張る、羽生はシーズンを通して、何度もそう繰り返した。

初めてのオリンピックと被災地からの応援

そして、２０１４年2月。

19歳になった羽生は、ロシアのソチで行なわれたオリンピックに参加した。

ソチは、黒海に面した温暖なリゾート地。町中にオリンピックのマスコットや五輪マークが飾られていた。

羽生には、ソチオリンピックの前に、被災地から温かい応援が届いていた。

大きな日の丸に書かれた寄せ書き。
「応援しています」
「金メダル目指して頑張ってください」
「金メダル取ってください」
それは、津波で大きな被害を受けた、宮城県石巻市の湊中学校の生徒から贈られたものだった。

金メダルを期待されている——。

その期待に応えたいと、羽生は思った。

羽生には金メダル以外にも目標があった。それは、試合後に成績上位の選手が出場するエキシビションで「ホワイト・レジェンド」を滑ることだった。「ホワイト・レジェンド」は、震災後、羽生が初めて人前で滑ったプログラムだ。

２０１１年４月、震災の１カ月後に神戸で行なわれたチャリティー演技会。「ホワイト・レジェンド」を滑り終えた羽生に、満場の観客からは温かい拍手が降り注いだ。自分はスケートを一生懸命頑張っていこう、そう思わせてくれた瞬間だった。その特別な「ホワイト・レジェンド」を、特別なオリンピックのエキシビションで滑りたいと思っていた。エキシビションに出場するためにも、好成績をとらなければならない。

ショートプログラムは、「パリの散歩道」。

史上初の１００点越えとなる１０１・４５で自らの世界最高得点を更新した。

翌日のフリーは、震災のシーズンと同じ「ロミオとジュリエット」がテーマ。

しかし、これまでにない緊張が襲ったという。

普段なら絶対にミスしない3回転フリップで、失敗。転倒すると、体力を奪われる。もうこれ以上、失敗はできない——。

追い詰められたその時、羽生の背中を押してくれた思いがあった。

「金メダルという目標に向かっているのは僕だけじゃない。たくさんの方々が同じ金メダルを目指して応援してくれている」

湊中学校から届いた、日の丸の寄せ書き。被災地で、日本全国で、テレビを見ている人々からの応援の気持ちを感じることができた。

「とにかく背中をずっと押してもらって、倒れそうな時には本当に支えてもらいました」

オリンピックの大舞台でも、応援はプレッシャーではなく、羽生の力になっていた。

羽生は、懸命に戦った。一生懸命、頑張った。

試合が終わると、羽生は日本男子初のオリンピック金メダリストになっていた。


そして、オリンピックの最終日に行なわれたエキシビション。

「オリンピック・チャンピオン　ユヅル・ハニュー」

暗い照明の中、チャンピオンとコールされて、羽生は、「ホワイト・レジェンド」を演技した。震災後、初めて人前で滑った特別なプログラムを特別なオリンピックの舞台で滑りたい、その願いも叶えた。

ゆっくりとした曲調から始まり、だんだん激しくなっていく。

「震災から復興に向けて何か希望みたいなものを連想させるような演技ができたら」

そんな思いで舞った。

無力感

一方、こんな一幕もあった。

世界から集まったメディアの前で行なわれたメダリスト会見。会見場に入った羽生は、壇上の中央の席に座る。金メダリストが座る位置だ。

アメリカの記者が、羽生にこんな質問を投げかけた。

「3年前、あなたの故郷が大地震と津波に見舞われました。今回のあなたの勝利は、被災地の人々や日本の人々にどんな意味を持つと思いますか？」

未曾有の災害から3年。海外のメディアにもその記憶はまだ鮮明だった。

質問を聞いた羽生の表情が曇った。

「本当に難しい質問だと思います」

思い詰めたような表情で、羽生は続けた。

「本当に僕自身が……僕自身が津波のことだとか、地震のことだとかそういうことを言っていいのかどうか分からないです。実際、こうやってオリンピックのゴールドメダリストになれたかもしれないですけど、それでも僕一人が頑張ったって、復興に直接手助けになるわけではないので、すごい……すごい無力感というか、そういうものを感じます。何もできていないんだなって感じもします」

無力感、という言葉が口をついて出た。

それでも、前を向こうと、言葉を続ける。

「オリンピックの金メダリストっていう人になれたからこそ、震災や復興のためにできることがあるんじゃないかなと。それに対してのスタートなんじゃないかと僕は思っています」


晴れやかなはずのメダリスト会見で、羽生から笑顔が消えた。


羽生が帰国すると、空港には、大勢の人々がロビーに出迎え、歓声があがった。

ソチオリンピック唯一の日本人金メダリストとなった羽生は、一躍注目の的となった。被災地に希望を与えたと大きく報じられてもいた。地元・仙台では凱旋《がいせん》パレードも行なわれた。羽生をお祝いムードが包んでいた。

しかし羽生は、笑顔の下に葛藤を隠していた。

自分は復興のために何ができるのか——。

ソチオリンピックのメダリスト会見で、「無力感」と口にした羽生を心配している人たちがいた。

震災の日、羽生が避難した学校の先生たちだ。

「遊びにおいで」と声をかけてくれた。

金メダルの「無力感」

2013年 ソチ五輪に向けて練習 フリープログラムは「ロミオとジュリエット」(当時18歳)

2014年
ソチ五輪　19歳

フリー「ロミオとジュリエット」
（提供：ZUMA Press/アフロ）

フィギュアスケート日本男子初の金メダル
（提供：picture alliance/アフロ）

（提供：AFP/アフロ）

エキシビション
震災直後初めて人前で滑った特別なプログラム「ホワイト・レジェンド」

第5章

感謝の旅
2014年
19歳

再会　「遊びにおいで」

ソチオリンピックから３カ月が経った２０１４年５月。

羽生は、私たちの取材で、震災当時、家族で避難していた学校に向かった。

廊下を歩いていると、子供たちとすれ違った。

「あ、羽生選手！」

「えー！」

突然目の前に現れた金メダリストに、子供たちはみな驚きを隠せない。

羽生は笑顔で「こんにちは」と、手を振った。

その羽生に、子供たちは「こんにちは！」と一生懸命手を振り返す。

羽生が目の前にいることが信じられなかったのだろう。思わず、「にせもの？」と聞いた子供に、羽生はいたずらっぽく「にせもの」と答え、手を振った。

遠くから「プーさん！　プーさんが好きなんでしょ？」と大きな声で問いかけてきた子

供もいた。

「好きだよ！」と羽生も大声で答える。

羽生はジュニア時代からくまのプーさんのティッシュカバーを愛用し、試合でもリンクサイドに置いている。羽生の金メダル獲得のニュースに関連して、プーさんのこともメディアに大きく取り上げられていた。羽生の〝プーさん好き〟は、すっかり多くの人に知れ渡っていた。オリンピックの影響力は、想像以上だった。プーさんと声をかけられ、羽生は「オリンピックってすごい」と、笑いながらつぶやいた。

3年前、大勢の人々が避難していた学校は、今は子供たちの笑顔が溢れ、すっかり日常を取り戻していた。

「賑やかですね、やっぱり明るい感じ」

子供が好きな羽生は、穏やかな笑みを浮かべていた。

そして、体育館に入った。

「やっぱり戻りますね……自分の中で時間が」

家族と共に、避難生活を送った場所。当時の記憶は鮮明に残っていた。

「ここの真ん中に、両端に石油ストーブがあった。みんなで温まってました、すごく寒い日だったので」

石油ストーブがあった場所を指差す。頭の中で記憶が蘇った感じがした。

そして、壁にかかっている時計に目を留めた。

「あの時計……あの時計、ずっと止まっていたんですよ……。2時46分でずっと止まっていて」

震災が起きた2時46分で止まっていた、時計。

「日が沈んでも、沈んで昇ってきても、ずっと2時46分。時間がずっと止まっているから、なんかずっとそこから抜け出せない感じ。震災があった時からずっと抜け出せない感じがしました」

その時計は今、動いている。


体育館に、懐かしい人々が入ってきた。

震災当時、校長だった早坂公一さんら、避難所を切り盛りしていた教職員たちだ。金メダル獲得直後の会見で「無力感」と口にした羽生を心配し、「遊びにおいで」と声をかけたのは、早坂さんだった。

　早坂さんは、「おめでとう」と羽生に話しかけ、２人は握手をした。

　羽生が早坂さんと最後に会ったのは、２年前、私たちの取材で学校を訪れた時だった。

当時、羽生は、早坂さんに「金メダルを取ってまた来ます！」と伝えていた。この日、その言葉は現実となった。

尽きない思い出

　羽生は、当時、自分たちが過ごしていた場所を早坂さんに指差して示した。

「僕ら、ちょうど真ん中のこの辺にいました」体育館のやや前よりの場所だった。

「そんな目の前だったの？」早坂さんは驚く。

　２人の話は３月11日に遡っていく。

「その日のうちは余震がすごくて」早坂さんが話すと、

「全然眠れなくて」と、羽生が続ける。

「飛び出していっちゃう人も」

「結構いましたね、天井が落ちて……」

羽生はケーキの差し入れがあった時、ジャンケン大会をしたことを思い出した。

「先生がここで、『ジャンケンしよう』って、ジャンケンポン！　とかやってた」

「子供の人数分のケーキがあるのは分かっていた。ハズレはないけど、どうせやるなら楽しくって、ジャンケン大会で勝った人だけにあげるよって」

ジャンケン大会は、子供たちが少しでも楽しめるようにとの早坂さんの工夫だった。

「僕、その時高校生。立って、やってましたよ！」羽生は笑顔で振り返った。


思い出話は尽きない。

「一番辛かったのは、先生たちが謝っている時でした」

「謝っている時？」

早坂さんが問いかける。羽生は続けた。

「お米がこれしかありませんって。そういう時が一番しんどかったですね。先生たちも食べられているのか分からないし、なんかその心遣いが苦しかった」

羽生はしばらく黙り込んだ。

そんな羽生に早坂さんは、優しく語りかける。

「当たり前の物が本当にありがたいんだっていう思いをさせてもらった気がするよね、そういう意味では」

吐き出した思い

そして羽生は、気にかかっていたことを聞いた。

「家族とかは、皆さん大丈夫だったんですか？」

教職員は家族と離れて、避難所を取り仕切っていた。

「やっぱり家族のつながりってすごく大きいじゃないですか。あれだけ大きな地震が起きて、そういう状況で僕たちを助けてくださっている方々が、家族と一緒にいずに、助けてくださったのがすごく嬉しかったというか、本当に命を救われたという感じでした」

「家にいないほうが、家族からありがたがられた」

早坂さんが冗談っぽく話すと笑いが起きた。早坂さんは続ける。

「私たちからすれば、本当にそれはごくごく当たり前の仕事。いざとなるとここは避難所になる、というのは当たり前のことで。それを嬉しいと聞くと、逆にこちらが感激してしまう」

羽生の気持ちが、早坂さんには嬉しかった。

しかしそんな羽生を早坂さんは心配していた。華々しいはずのオリンピックのメダリスト会見で、羽生は「無力感」と口にしていた。

「この間会見で、『自分はスケートをしているだけで、震災の復興に関しては何もしていない』みたいなことを言ってたね……」

「オリンピックの後ですね」

羽生は金メダルを獲得した直後の会見で、金メダルが被災地にどんな意味を持つかを尋ねられた際、「無力感がある」と答えていた。

テレビでその模様を見た早坂さんは、羽生に、伝えたいことがあった。

「震災復興に関して、何もできてないって話していたのを聞いたけど、そんなことはないよ」

羽生は、無力ではない。そのことを伝えたかった。

「羽生君が被災地のことを忘れないでやってくれているだけで、ヒーローだって思うのは、こっち側が勝手に思ってるだけの話だから。羽生君は考える必要なくて、そこは心配しないで、あまり気にしないでやってほしい」

そう話しながらも、早坂さんは、羽生の複雑な気持ちも分かっていた。

「……でも考えちゃうんだよね」

早坂さんの温かい言葉に、羽生も思いをぶつけた。

「震災後、2週間経たないうちに僕はスケートを始めたんですよ」

当時から将来を期待されていた羽生は、仙台を離れスケートの練習を再開することができた。

「自分は逃げ出してやっているっていう気持ちがあるからこそ、自分から震災について何かできたとか、言えなくて」

震災直後、恵まれた立場にいた自分に感じた後ろめたさ。それは無力感につながっていた。

「逃げたつもりでやったんじゃないでしょ」

早坂さんは優しい口調で語りかける。

「違うんですけどね。ただ家族を置いて行ったので、あの時」

羽生は練習のために母親と仙台を離れたが、父親と姉は仙台に残った。

「いつ地震が来てもおかしくないし、そういう感覚があったから……」

早坂さんは、そんな羽生の思いを受け止め、話を聞いていた。

「メダルはどうでもいい。一生懸命やっている姿が嬉しかったよ」

羽生は、持ってきた金メダルを早坂さんら教職員に見せた。

「すごい、本物！」笑顔が広がり、歓声が上がった。

早坂さんたちが笑顔になると羽生も笑顔になった。

避難所で教職員たちの支えがあったからこそ、生きていくことができて、金メダルが取れた。教職員の人々もこの金メダルの一部だ。だからこそ、早坂さんたちにも金メダルを見てもらいたかった。

メダルを指差しながら、羽生は言った。

「このメダルを見て、ちょっとでも自分がここにいたな、とか、ちょっとでも思っていただければ。ちょっとでも喜んでいただいたら嬉しいです」

「すごく喜んでいる。ちょっとどころじゃない」

早坂さんは満面の笑みで、羽生の努力を称えた。

「全てあなたの実力、努力の証明だから。私たちはほとんど何もしてないです。『金メダル取ったらまた来るよ』って言って、本当に取ったのはすごい」

一方で、早坂さんは金メダルという結果だけに感動していたわけではなかった。

「でも、取ってなくても良かったよ。メダル取ろうと取るまいとそんなことはどうでもいいから、一生懸命やっている姿を見るだけで力になるよ。うちの避難所にいた、仙台出身の選手が一生懸命やってる姿を見るだけで感動したよ。一生懸命だった。それが嬉しかったよ」

一生懸命、頑張る。羽生のその気持ちは、仙台の早坂さんにも届いていた。俯いて聞いていた羽生は、泣き出しそうな表情を浮かべた。

そしておまけに金メダルも取れた……って言うと悪いけど、と早坂さんが笑顔で茶目っ気たっぷりに話すと、羽生もつられて笑った。

「おまけですよ、本当に。一生懸命できたのが本当に良かった。いっぱい応援していただいたので、本当に」

再会を祝して、記念撮影をすることになった。

撮影者は笑顔の瞬間をとらえようと、「１＋１は？」と声を掛ける。普通ならみんなで「２」と答え、笑顔になるはずだったが……。

「３！」と羽生が叫び、再会は笑いに包まれて終わった。


羽生は、早坂さんら教職員との再会をこう振り返った。

「本当に泣きかけました。金メダルじゃなくて良かったんだよっていう声が聞けたのがね……安心できるっていうか、辛かった境地を知っているから、そういうふうに言っていただけたのかなって思います」

金メダルを取ってまた来ます、その言葉を実現できた。そして、お世話になった先生たちは心から喜んでくれた。

「不思議な感じがします。すごく幸せです」


早坂さんは、羽生のような若者を学校として輩出していきたい、と話した。

「好きなスケートで、目指すものに向かって一生懸命取り組んでいる。間近に過ごした羽生君がそういう姿を世界に見せているのが素晴らしいと思う。頑張るプロセスが大事。それがこちらの力になっています」

そして、羽生から改めて感謝の気持ちを伝えられたことに驚いていた。

「自分たちは、本当に、やるべきことを普通にやったという思いなんです。それを、あんなに考えてくれているとは思っていなかった。喜んでくれたんだったら、私たちも嬉しい」

感謝の旅　再び全国各地のアイスショーへ

羽生の〝感謝を伝える旅〟はこの後も続いていく。

避難先の学校を訪問した数日後には、青森県八戸市に向かった。

震災後、地元・仙台のリンクが閉鎖されていた時、羽生は八戸のリンクで特別に練習をすることができた。そのリンクで、アイスショーが開かれたのだ。

３年ぶりに、思い出のリンクを訪れた羽生は、早速、氷を触った。

「固いんですよね。結構、固い感じです。好きですけど」


華々しい音楽と、キラキラした照明と共に、アイスショーが始まった。

客席には大勢の人々が詰めかけていた。

「ユヅル・ハニュー」

名前がコールされ、羽生が登場すると、ひときわ歓声が大きくなる。

オリンピックで金メダリストになった羽生は一躍、大スターになった。

震災後、羽生は全国各地で開かれたアイスショーに招待されたおかげで、スケートの練習を続けることができた。だから今回、当時お世話になった全国各地のアイスショーに出演を決めた。

「２０１１年は多くのリンクに支えられてスケートをすることができた。スケートを続けられたのは、そこの方々のおかげです。助けていただいたからこそ、こうやって結果を持って帰ってこられたと報告したいと思っています」

羽生が出演したアイスショーは、各地で大盛況となった。

八戸で通った定食屋さん

八戸のアイスショーの合間に、羽生は震災後に八戸で練習していた時、よく通った定食屋を再び訪ねた。

店には、何種類ものおかずが並んでいた。好きなおかずを選び、注文した分を会計する方式の店だった。

羽生はおかずを見渡した。

「豚キムチとか好き。野菜炒めも美味しい」

食べたいものを食べる、と言って、羽生は次々と皿をトレイに載せる。

「絶対に取りすぎるんですよ、ここ。そして食べている時苦しくなる。やばい、取りすぎたって」羽生は笑った。

羽生の好物は卵かけご飯。作り方にはこだわりがあった。

「卵かけご飯は醤油を先にかけないといけない」

まずご飯に醤油を入れて、混ぜる。ご飯を醤油でコーティングするという。その後、生卵を割り入れ、箸でかき混ぜる。

「もうね、至福。至福の時です。幸せ……」

練習拠点のカナダでは、海外ということもあって生卵を食べるのを控えていたため、大好物を食べることができないのだという。

懐かしい食事を楽しんでいると、店からサインを求められた。羽生が快く応じると、店の人は喜んでくれた。これもまた、恩返しの一つかもしれない。

石巻へ　津波被災地の現実

そして翌月の２０１４年6月。

羽生は、宮城県石巻市へと向かった。

仙台から車で1時間ほど。石巻にも、お礼を言いたい人たちがいた。

羽生は、ソチオリンピック直前に届いた日の丸の旗を車の中で広げた。

「一人一人すごく丁寧にメッセージを書いてもらっていて……」

津波の被害を受けた石巻市の湊中学校の生徒たちから贈られた日の丸だ。そこには、

「金メダルを目指して頑張ってください」といった、応援の言葉が並んでいる。

「被災地の方々含め、すごく応援してくれていたわけじゃないですか、僕一人のために。だから僕は一人だけどすごい大勢の方々の力をもらっている。ありがとう、って伝えたい。今回、現地に行って、ちょっとでも感謝を伝えることができればと思っています」

羽生が震災後、石巻に行くのはこの時が初めてだった。しかし、訪問には、迷いもあった。

「行っちゃダメかなって思っていた。行ったとしても、じゃあ僕が行って何が変わるかって、すごく考えていた」

仙台の内陸部で避難生活を送った羽生は、津波の被害は免れていた。後にテレビのニュースや仙台空港への道中で見た津波の被害は、想像を絶するものだった。その場所に行って、自分にできることはあるのだろうか……。

「津波があって被災したところというのは、僕らが簡単に踏み込める領域ではないと思う。人の心の中を土足で踏みにじっているような感覚があります」

その津波を、自分は経験していない。被害にあった人々は、思い出したくないこともあっただろう。

「見たくないものもいっぱいあっただろうから……。僕らは当時のことを知らないので、そういうものは全然僕らには見えない。そう考えた時に怖いなっていうのがあります。ちょっと、罪悪感みたいなものがある」

後ろめたい気持ちは、消えていなかった。

仙台から湊中学校への道中には、まだ津波の爪痕が大きく残っていた。

石巻市の沿岸部を見下ろせる日和山には、神社がある。震災の日、津波から逃げてきた人々が集まった場所で、メディアでもよく取り上げられている。

「テレビで見た。ここまで逃げてきたのかな……」

羽生は、そう言って、高台から石巻の町を見下ろした。

眼下には、一面の更地が広がっていた。津波の被害を受ける前は住宅街だった場所だ。

「何もないですね……」

するとふと、地元の人に話しかけられた。

「スケートの人でしょ？　金メダル……」

高齢の男性と女性だった。

「素敵だぁ、実際に見ると。本当に、顔も小顔でね、スマートだし」と女性が話すと、男性も同意した。「プロポーション、日本人離れしている人だわな」

「いや、いや、いや……」

面と向かって褒められて、羽生は少し恐縮した様子だ。

「放送局？」「こんなにそっとして来るの？　みんなでわいわい来るのかと思った」

通常、著名人が取材する際は、カメラマン、音声、ディレクター、そして時にはプロデューサーらと大所帯になることが多い。しかし、この時の取材スタッフは一人。小型カメラでの撮影だったので、地元の人も羽生に気軽に話しかけやすい雰囲気だったのだろう。

男性は、オリンピック金メダリストに興味津々だった。

「どこに行っても声かけられるでしょ？　知らない人いないでしょ、金メダル見たでしょ。日本人ならみんな見てるわ」と、笑顔で、羽生の活躍を称えた。

「いやあ、恥ずかしいです」羽生も嬉しそうだった。

「わざわざ仙台から？」男性は、羽生が仙台出身だということも知っていた。

「仙台から今来ました」

「これから北へ行くの？」

「湊中学校のほうへ」

羽生の行き先を聞いた女性は、男性の境遇を話し始めた。

「この人、そっちのほうなの。震災で奥さんを亡くしたの」

男性は湊中学校の近くに住んでいたという。

「家は何にも……家は女房から犬から全部みんな流されて何もないんだ」

男性は、津波で自宅も、家族も失っていた。

「奥さんも流されたの。だからここに来てお話しして元気を出すの」

「だから魚釣りが終わると必ずここに上がってくる」

2人は終始、笑顔で話していた。

そして、「これからも頑張ってよ。見てるからね、画面を」2人は笑顔で羽生を激励し、立ち去った。

津波被災地の現実を突きつけられ、羽生は、しばし言葉を失った。

「つらい、つらい、つらい、つらい……」

つらい境遇のはずなのに、2人が笑顔だったこと。その笑顔の意味に羽生は思いを馳せる。

「……やっぱつらいな。何かね、だって今こんなに笑ってますけどね、ここまで来るのにどんな苦労があったのかって思うと……ああ、罪悪感がある。きつい！　つらい！　……つらいぞ」

羽生は再び、〝罪悪感〟と口にした。

知ることが、怖かった

日和山を下った海の近くには、「がんばろう石巻」と書かれた大きな看板がある。石巻の象徴的な場所だ。その近くには、津波の高さを示すポールが立っている。羽生は遥か上を見上げた。

「高い……」思わず、つぶやく。

「すごいですね」

あの日、この辺りには、高さ6・9メートルの津波が押し寄せた。

この取材当時、周辺は瓦礫がほぼ撤去され、一面の更地となっていた。

羽生は、仙台空港へ向かう際、津波の爪痕を車の中から見てきてはいたが、実際に更地となった場所を時間をかけて歩くのは初めてだった。雑草が生い茂る隙間に、かろうじて、住宅の基礎が残っていた。

「ね、ここ全部家だったんですよね……」

この場所には、かつては住宅街が広がっていた。羽生は震災前の様子に思いを馳せる。

「ここにはたくさんの人がいて、たくさんの人が住んでいて、いろんな車があって。でもそれが今、全くないわけじゃないですか。そこにあった家族だとか、そういうものは全然なくなっちゃっているわけだから」

人々の家を、生活を、押し流した津波。津波で最大の被害が出た石巻市では、３５５３人が死亡し（関連死含む）、４１８人の行方が分かっていない。（宮城県２０２１年3月31日）

「死亡者何名とか、行方不明者何名とかって出た時に、どれだけの人が悲しむかって考えた時に、何か、どうしようもない気持ちになりますよ。ここには本当は家があって、夜はここでみんなが寝てて、って考えた時に、その数字っていうのがどれだけ重いものかって改めて感じますね。やっぱり……たくさん悲しむ人がいて……亡くなった方もたくさんいらっしゃるし、ただ多分それ以上の人が悲しんでいるっていうことを忘れないようにしなきゃなって感じます。どれだけの人が辛い思いをしているかっていうのはちゃんと覚えておかないといけないと思いますね」

羽生は、再び、つらい、とつぶやいた。

そして、なぜ今まで自分は津波の被災地を訪れることを躊躇《ちゅうちょ》していたのか。その気持ちについても話した。

「僕は仙台ですけど、内陸なので津波の現状は知らないんですよ。もちろん津波がなかった地域も大変だったというと大変だったんですけど、津波があった地域と規模が違うじゃないですか。あまりにも知らないことが多すぎます。全然分からないことだらけなので、怖かったんだと思います。現地のことをちゃんと知っちゃったら、どうしようもなくなるなって思っていたんですよね、たぶん。どうしようもなくなっちゃって、自分の心の中で整理しきれなくなるから、本当につらくなっちゃうなって思っていた」

知ることが、怖かった。

津波の被災地については、報道で見てきてはいた。また自宅から仙台空港に向かう車中で、そして飛行機の中で空からも見てきていた。

しかし実際に更地となったかつての住宅地を歩き、人々と話すと、これまでとは違ったものが見えた。圧倒されるほどの被害の大きさがより現実味を帯びて羽生に突き刺さる。

「つらくて、何か、泣きそうになる。知らない、本当に分からないことが多すぎて……」

それでも羽生は、知ることを選んだ。

「分からないことだらけですよね、本当に。ちゃんと知るべきだなって思いました」

生き残った者の使命

その後、石巻の漁港を通りかかった。当時は、魚市場のかさあげ工事の真っ最中。新しい建物もできつつあった。

「こういう進んでいるのを見ると、復興っていう感じがしますよね。嬉しいですね」

しかし、そのすぐそばには、まだ、津波の被害を受けたまま、残された建物もあった。建物の2階付近まで骨組みが剝き出しになっている。

「波って怖いなって思いますよ、本当に。すごく恐ろしいなって」

津波で破壊された建物が取り残される一方で、進む復興。

「進んでいるところもあれば、全く手付かずのところすらあるっていうのは、衝撃ですよね。まだ爪痕が残っている。復興しているがゆえに、そういうことを感じる」

なぜ、自分は知るべきなのか。現状を知ってどうなるのか、答えは出ない。

だが、それでも知るべきだと強く感じた。

「こんなことがあったんだということを、やっぱりちゃんと、津波を知らない僕らが知るべきだと思う。あの地震が起きて、津波があって。僕たちが生きている時に起きたってことは、それを僕たちは考えないといけないと思うし……。あの大きな地震が起きて、それでも生き残っているっていう使命が絶対あるはずだから」

　生き残った者の〝使命〟とは――。

「ここに何があったかを後世に伝えたい。それはもちろんこれから僕ができることだし、やっていかないといけないことだと思う」

　この記憶を、後世に伝えていく。

「どんどん後世に残していきたい。震災を知っている年代がいなくなって、ここら辺とか普通の街になっていたとしても、もし他のところに地震とかが起きた時の答えを探すきっかけになればいいなって思います」

途方もない話ですけど……羽生はそう付け加えた。

湊中学校へ

そして、羽生は湊中学校へと向かった。

震災の日、湊中学校には高さ４・５メートルの津波が押し寄せた。生徒ら４人が亡くなった。

当時の写真を見ると、校庭には流された車や家屋などが散乱し、教室も破壊された様子が写っている。

湊中学校では、仮設校舎などで授業を行なってきたが、２０１４年に学校が再建され、生徒たちは真新しい校舎で学んでいた。

新しい校舎を訪ねた羽生は、「きれいですよね」と、そんな感想を漏らし、体育館へと向かった。生徒たちには、今回の羽生の訪問はサプライズだった。テレビ局の取材が入るとだけ伝えられ、体育館に集まっていた。

羽生は、金メダルを手に廊下をゆっくりと歩き、生徒たちの待つ体育館へと向かった。

過酷な経験をした中学生たちに何を話せばいいのか……緊張が高まった。

一方で、サプライズ訪問も、少し不安だった。自分を見て、誰だか分かるのだろうか。気づかれなかったら、すぐに自己紹介をしよう……。

羽生が体育館に入ると、歓迎の音楽が流れた。

羽生に背を向けていた生徒たちが、一斉に振り返る。

その瞬間、「キャー!」と、悲鳴のような歓声が上がった。

「羽生君!」生徒が叫ぶ。

話題の金メダリストに気がつかないわけはなかった。

しかも、自分たちが寄せ書きに「金メダル目指して頑張ってください」「メダル見せてくださいね」とメッセージを贈った羽生が、本当に金メダルを手に、突然、現れたのだ。

体育館は驚きと共に、笑顔でいっぱいになった。生徒たちの興奮はしばらく収まらなかった。
羽生にも、笑顔が戻っていた。

生徒たちの前に立つと、校長が改めて羽生を紹介した。

「皆さん、ご存じのようにソチオリンピックで金メダルを獲得した羽生結弦選手です！」

生徒たちと交わした震災の話

再び拍手に迎えられ、羽生も自己紹介をした。

「こんにちは。はじめまして、羽生です。羽生結弦です。オリンピックの前の寄せ書きで、たくさん湊中のみんなからメッセージをいただきました。本当にありがとうございます」

伝えたかった、感謝の気持ち。

「僕はスケートをやっていく中で、本当にたくさんの方々に支えられました。もちろん湊中のみんなも寄せ書きを書いてくれて本当に力になったし、たくさんの方々にテレビで見守られて、会場にもいて、もちろん見てない方々も、自分の結果を見て喜んでくれて、そういうことが本当に自分の力になりました。

きっと今回、金メダルを取れたということが、自分の力じゃないんだということが感じられたから、すごく嬉しいんだと思います」

金メダルは自分が一人で取ったものではない。湊中学校の生徒たちや多くの人々の応援と支えがあったからこそ、取れた金メダルだ。

だからこそ、中学生たちにも、伝えたかった。

「自分が今、当然のように生活していること、勉強していること、それは自分だけの力じゃないってしっかり感じて欲しいと思います。自分だけじゃなくて、家族がいて、先生方がいて、そこに全部ありがとうって言えるくらい感謝の気持ちを持っていれば、いつか絶対いいことがあるなって僕は信じています」

感謝の気持ちを持つことの大切さを、羽生は伝えたかった。

「僕自身『ありがとう』っていつも思って滑ってきて、最終的には金メダルを取れた。どうか『ありがとう』って言えるように。これからどんどん人生を頑張っていくにあたって、本当に苦しいことばっかりだと思うし、楽しくないことのほうが絶対多いと思うんですけど、その苦しいことにすら『ありがとう』って言えるくらい頑張っていただけたら僕は嬉しいです」


羽生が挨拶を終えると、教員の仕切りで質問コーナーが始まった。

「質問ある方、いますか？」

突然の機会に生徒らは少し考えていたが、すぐに手があがった。

最初に質問したのは女子生徒だった。

「私はソチオリンピックを見てからファンなんですけど、プーさんの次に好きなキャラクターは何ですか？」

やはりここでもプーさんの話が出た。

「プーさんの次……。何かな……」羽生は真剣に考える。

「何だろう……すごく困った。リラックマとか好きです」


陸上部員だという男子生徒が手をあげた。

「来週大会があるんですけど、試合前どういう気持ちで臨んだらいいですか？」

アスリートの先輩として、アドバイスをした。

「僕の場合は、試合がある時は絶対に練習を信じないようにします。もちろん練習もすごく頑張っていくのは必要ですけど、本番になったら、練習とか関係なしに自分の力を今出せるようにって考えるとちょっと楽になります。緊張するけど、すごく緊張するけど、緊張する自分が楽しくなるくらい試合を楽しむと良い結果が出ると思います。陸上部の皆さん、頑張ってください」

生徒たちは次々と手をあげ、羽生は一つ一つの質問に、丁寧に答えていく。

「ソチオリンピックで金メダルを取って、次の目標にしている物は何ですか？」

「できればもう一個オリンピックで金メダルを取りたいって思っています。自分が一番今やらないといけないのは、被災地のことを伝えていくことが一番大事だと思っていて、そのためにもスケートの結果が大事だと思います」

中には、こんなお願いも。

「質問というか、お願いなんですけど、図々しいと思うんですけど……。金メダル触らせてもらえますか？」

「えー！」大胆なリクエストに、周りの生徒から驚きの声が上がる。

羽生は、金メダルを首から外し、生徒に歩み寄り、金メダルを差し出した。恐る恐る金メダルを触った生徒は、とても嬉しそうだった。

羽生の演技のポーズをお願いする声もあがった。

「あの……、ピストルポーズをしてもらえませんか？」

「ピストルポーズって何だ？」

どの振り付けを指しているのか、羽生は咄嗟《とつさ》には分からなかった。

「ジーパンなんだけど……」

動きづらいジーンズを穿いてはいたが、とりあえずショートプログラムのステップに組み込まれた、両脚を大きく広げる象徴的な振り付けを再現すると……女子生徒から割れるような悲鳴があがった。

「そんなに興奮しなくてもいいでしょ」

そうたしなめた羽生も思わず笑顔になる。

時間はあっという間に過ぎた。

最後の質問は、家族の支えについてだった。

経済的に支えてくれている父、体調を管理してくれる母、スケートを始めるきっかけとなった姉……。羽生にとって家族はかけがえのない存在だ。

「家族ってすごく大事な存在だと思います」

そう話した羽生は、その後の言葉を口にするかどうか、迷ったという。この中には、津波で家族を失った生徒もいるかもしれない。

「僕の口からは今言いにくいことを喋りますけど……」

ため息をついて、続けた。

「やっぱり家族が欠けるということはものすごく辛いことだと思います。皆さんは本当に辛い経験をされたと思うし、僕がこれをしゃべっていること自体が怖くて仕方ないんですけど……家族がいたからこそ、いるからこそ自分たちがあることを忘れないで欲しいと思います」

その後、3年生の生徒らが、ソーラン節を披露した。湊中学校では代々、ソーラン節を練習している。学校では「湊中ソーラン」と呼び、運動会などで披露してきた。約100着あったハッピは津波で流されてしまったが、その状況を知った北海道の漁師が大漁旗を贈ってくれ、その大漁旗で新しくハッピを作ることができたのだ。羽生も笑顔で生徒たちのソーラン節を楽しんだ。

「１＋１は？」

「２！」

笑顔で記念撮影を終えると、男子生徒が興奮気味に言った。「もう、羽生パワー。もう神。神」

本当に行ってもいいのだろうか……。訪問前にはそんな迷いもあった羽生だが、生徒たちの笑顔が嬉しかった。体育館を後にし、廊下を歩きながら羽生は興奮気味に話した。

「何が良かったかって、みんな笑顔になってくれて。みんな笑ってくれて。みんながテンション上がるくらい喜んでもらえたので、それが一番嬉しかったかな」

笑顔の裏にある思い

その後、別室で、生徒会のメンバーと話をする機会があった。

羽生のファンだという女子生徒は「オリンピック見ててかっこいいなって」と羽生に伝えると、同級生の男子生徒を指差し「こういう人と違うなって」といたずらっぽく笑った。

「俺は心に秘めているから、そういう才能」「うるせえな」と、男子生徒が口々に反論する。

　そのやりとりを見て「中学生だね」と笑った羽生は、すっかりお兄さんのような表情になっていた。

　羽生は、聞くかどうか迷っていたことを口にした。伝えていくためには、まずは自分が知らなければならない。

「震災の話って聞いても大丈夫？」

「全然大丈夫です」生徒たちは淡々と答えた。

海の近くにあるスーパーの屋上に逃げた生徒がいた。

「すんごい黒い、でっかい波が目の前に来て、すごい勢いで、本当に死ぬんじゃないかなって、すごい恐怖で。助かったのは運が良かったのかなという感じ」

体調不良で病院に行こうとした時に地震にあった生徒もいた。

「熱で早退していて。薬も何も持たないまま高台に逃げて。薬も何もなく大変な状況でした」

生徒たちも、日和山で出会った男性のように、当時の様子を淡々と語った。時折、笑顔すらも交えた。

羽生は、生徒の話に神妙に耳を傾けていた。

「今はこうやって普通に授業を受けているけど、それまでには相当な苦労があったと思うし、相当みんな辛い思いをしたと思うし……僕はそんなに強くないから、みんながすごいなって本当に思う」

羽生は、再び、笑顔を交えて語る生徒たちの、その笑顔の裏に思いを馳せた。

辛いはずの経験を、笑顔を交えて語る人々――。実は、羽生自身もそんな一面を見せたことがあった。震災の10カ月後、羽生に地震の瞬間について聞いた際、羽生は、時折笑顔を交えながら詳細に説明してくれた。後に羽生は、「その時は、震災の話を深刻な顔をして話せなかった」と、当時を振り返った。でも、なぜだか分からないけど……、と。

一方、男子生徒は羽生にこう尋ねた。

「羽生選手は被災地から出ている選手だから、被災地のためにっていう考えもあるし、被災地の人たちも頑張ってくれっていう考えもあるし。プレッシャーが本当に大変だったのではないですか？」

被災地のために、という思いはプレッシャーになるのではないか。

羽生は震災にあった16歳の頃の自分を思い返した。

「プレッシャーは、震災の1年目はすごくあった。自分は自分のためにやっているのに、何で被災地のためにとか言い続けないといけないのかって、すごく考えた時期があって」

〝仙台の希望の星〟とメディアに取り上げられていた羽生は当時、私たちの取材に重圧から逃げ出したくなったこともあったと語っていた。

でも、と羽生は話を続ける。

「被災地の方々が僕を応援してくれているから、僕はみんなを元気にすることができるんだなって思った。結果を出さなきゃとかすごく考えるけど、逆にそのプレッシャーがあるということは応援されているということだから。それがまた嬉しい。だから今は被災地代表みたいな感じで言われることは全然怖くない」

中学生たちの将来の夢も、羽生が聞きたかったことだ。

「漫画家になりたいです。被災した時に有名な漫画家さんが来て、大きい絵を描いてくださった。その姿を見て、絵だけでみんなを喜ばせられるんだな、って思ったので」

「地震が起きて、町を見ていて、自分ができることは何かなって考えました。復興の手助けができたらいいなって今は思っています」

大きな悲しみを経験してきた生徒たちの目は、前を向いていた。

「すげえ。かっけーな、みんな」

夢について、羽生は生徒たちに伝えたいことがあった。

「夢があることでいろんな人とつながれると思う。いろんな人がいるから、自分の夢は成り立っている。夢に向かって1日、1日過ごしていくことが、一番、夢を持つ素晴らしいところかな」

それは、金メダルという夢を叶えた羽生だからこそ、伝えられることだった。

羽生の訪問は、生徒たちの心に大きな印象を残した。

「同じ被災地出身っていうこともあってすごく元気が出た。自分も何事にも一生懸命取り組んで、最後まであきらめない人になりたいです」

「羽生選手が来ると、みんなすごく笑顔になった。それがすごい力だなって思いました」

生徒たちは笑顔でそう話した。

今を生きている自分たちにできること

羽生が帰りの車に乗り込む、その最後の瞬間まで、笑顔いっぱいの生徒たちは羽生を見送り、手を振り続けた。

羽生は笑顔で訪問を振り返った。

「こんなにも応援してくれる人がいて、こんなにも自分の演技で、自分の結果で元気になってくれる方がいるって知れた」

自分の金メダルを、人々は喜んでくれた。

「自分のスケートがこんなにも人のためになっているんだなって改めて気づけたので、また良い結果を持って来られるようにしたいです」

無力だと思ったオリンピックの金メダルは、被災地の人々に元気をもたらしていた。

そして、被災地のために何ができるのか。その問いにも答えが一つ、見つかった。

「僕がすべきことというのは、この現状を伝えていくこと。ちょっとでもみんなに知ってもらうことが一番大事だと思う。それを僕なりに一生懸命頑張らないといけないと思いました」


被災地の思いを伝えていく。それは使命だった。


未曾有の災害は、逃れることのできない、そして抗《あらが》えない運命。

震災はとても辛い経験だった。そして、その苦しみは今も続いている。

しかし、それでも、羽生はこう言葉を続けた。

「震災があって今を生きている自分たちは絶対、何かを考えなくてはいけない使命があると思う。たぶんオリンピックで金メダルが取れたのも、これから頑張っていけるのも、震災があったからこそって思えるような日がきっと来ると思います」


その後羽生は、被災地の思いを伝え続けた。その姿は、使命に突き動かされるようだった。

2014年
宮城県・石巻市へ　19歳

震災前には住宅地だった場所は津波で家屋が流された

石 巻 市 立 湊 中 学 校 へ

ソチ五輪前に湊中学校の生徒から
日の丸の寄せ書きが贈られた

石巻市立湊中学校を訪問

津波の被害を受けた
石巻市立湊中学校(2011年3月)
(提供:石巻市立湊中学校)

生徒のリクエストに応えてソチ五輪のショートプログラムのポーズ

(提供:ZUMA Press/アフロ)

津波被災地

地震の後、東日本の沿岸部に大津波が発生。約40メートル遡上した地域も確認された。国土地理院によると、浸水地域は、５６１平方キロメートル。これは、東京23区の約9割の面積に匹敵する。

津波の浸水範囲

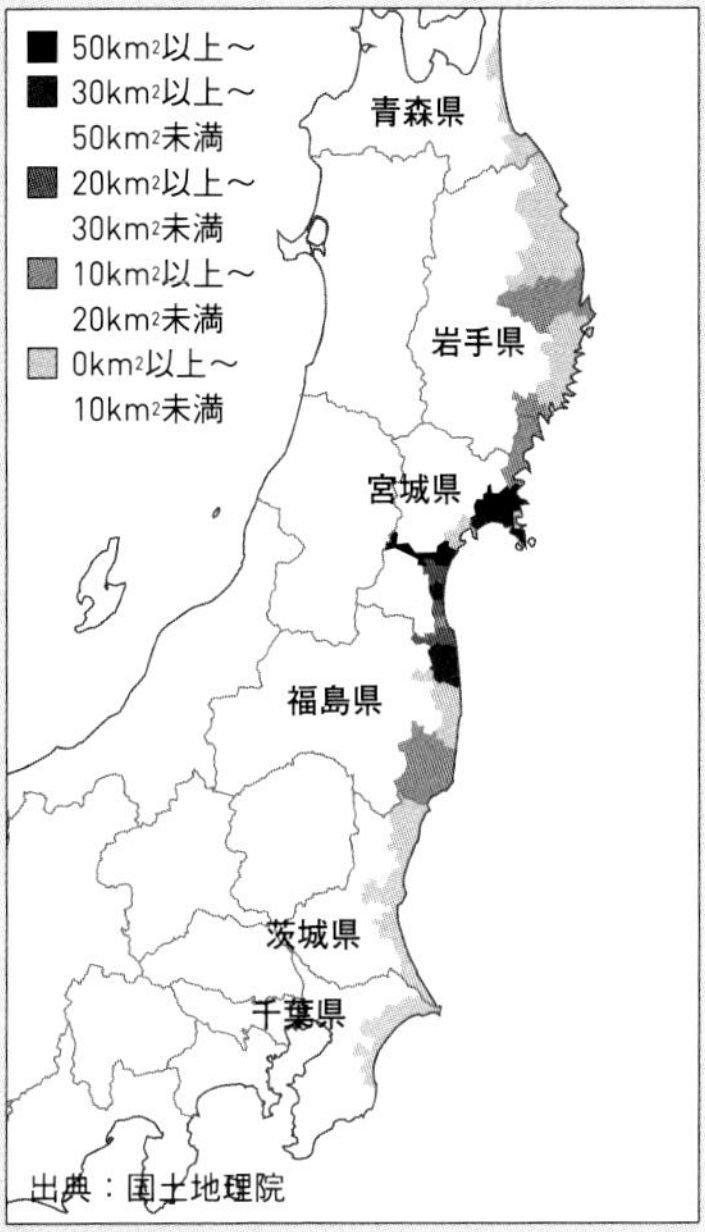

出典：国土地理院

津波は一波が引いた後も、二波、三波と押し寄せた。津波は沿岸部だけでなく、川も逆流し、川沿いの地域にも被害が出た。

東日本大震災の死者１万５８９９人のうち、約90％の死因が津波による溺死と判明している。（警察庁）

沿岸部では、堤防が決壊し、住宅街が津波にのみ込まれ、家屋に壊滅的な被害が出た。行政機関や医療機関も大きな被害を受けた。そして、多数の道路や鉄道、橋梁が損壊し、交通網も遮断された。仙台空港も浸水し、一時閉鎖された。

また、農地も海水につかり、港湾設備や船舶も流出。工場にも被害が出て、農業や漁業などの産業基盤が大きな打撃を受けた。

COLUMN

津波被災地

2011年3月11日
福島県いわき市
（提供:総務省消防庁）

2011年3月11日
岩手県陸前高田市
（提供:総務省消防庁）

2011年3月11日
宮城県牡鹿郡女川町
（提供:宮城県）

2011年5月31日
宮城県南三陸町防災対策庁舎
(提供:宮城県)

2011年3月21日
仙台空港
(提供:宮城県)

2011年6月28日
宮城県気仙沼市新浜町
(提供:宮城県、大井川修)

第 6 章

福島へ——伝える「使命」

2015年～2016年

20歳～21歳

自分を媒体にして伝えていく

石巻への訪問から1年が経った2015年6月。

フィギュアスケートの競技シーズンを終えた羽生は、私たちの取材で福島へ向かった。

福島への訪問は、羽生の希望だった。

福島に向かう道中、羽生はその理由をこう語った。

「津波の被災地とは、また違った問題が福島にはあると思うので。自分で少しでも見て、何か感じられればいいかなって思いました」

震災から4年。まだ解決していない問題が多いにもかかわらず、報道量は減ってきている。羽生は風化を危惧していた。今回は、地元の人たちに会ってじっくりと話を聞きたいと考えていた。

「皆さんが聞いて欲しいっていうことにしっかり耳を傾けて、それを僕というきっかけを通じて伝えたいなと思います」

ソチオリンピックで金メダルを獲得後、羽生の被災地訪問の模様は、テレビ番組で大きく取り上げられ、大勢の人々に届いた。自分を媒体にして、被災地の人々の思い、現状を伝えていきたい。羽生はそう考えるようになっていた。

福島県大熊町と双葉町に位置する東京電力の福島第一原子力発電所は、３つの原子炉がメルトダウン（炉心溶融）を起こし放射性物質が流出。世界最悪レベルの事故を起こした。周辺の住民は避難を余儀なくされた。福島県によると、ピーク時には16万４８６５人が避難。ふるさとを離れざるをえなくなった。

仮設住宅　楢葉の裁縫教室

羽生は福島県いわき市にある仮設住宅を訪ねた。

広い敷地に整然と並んだプレハブの仮設住宅には、楢葉町から避難してきた約１１０世帯の人々が暮らしていた。羽生は、地元・宮城でも仮設住宅を目にしたことはあった。だが、実際に訪問するのは初めてだった。

「ワンちゃんがいる」羽生は仮設住宅で飼われている犬に目を留めた。「犬は最近大好き」と、笑う。この仮設住宅では、ペットの飼育も認められていた。ペットも大切な家族の一員だ。

そして羽生は、「緊張します」と言いながら、仮設住宅の集会所に向かった。楢葉の人々が集い定期的に開いている裁縫教室を訪れることになっていた。

実は今回の訪問も裁縫教室の人々にはサプライズだった。気づかれなかったら、すぐに自己紹介しよう……。羽生は石巻の時と同じことを考えながら、集会所の中に入った。

畳張りの集会所には、テーブルが置かれ、女性たちが裁縫に取り組んでいた。

小さな花をたくさん作って縫い合わせてバッグを作ったり、つるし雛《びな》を作ったり。思い思いの作品を作っていた。

「失礼します、こんにちは」羽生が挨拶をすると……。

「うわー」裁縫教室の女性たちはすぐに羽生だと気づき、大きな歓声と拍手が起きた。

「皆さん、ご存じですか？　ありがとうございます、本当に」今回も、羽生の心配は杞憂《きゆう》だった。

テレビで見ていたオリンピックの金メダリストが、あの羽生結弦が目の前にいる。喜びでいっぱいの女性たちは、おしゃべりが止まらない。

「かわいいなぁ～」

「夢みたい、こんな所に足を運んでもらえるなんて」

「教室を休まないで来て良かった」

「まさかね、会えるとは思わなかった。元気をもらった、本当」

驚きと喜びのあまり、涙ぐむ人もいた。

故郷を追われて

ひとしきり挨拶が終わり、羽生は畳に座った。羽生は、まず自分の話をすることにした。人々に話を聞くのであれば、まずは自分から心を開くのが先だと感じていたという。

「オリンピックで金メダルを取った時に、実際に何かできなかったかなってすごく後ろめたさがあって。でも何かこういうふうに、こうやってこういうところにお邪魔させてもらって、僕自身も救われています」

オリンピック金メダルの栄光の裏で苦しんできたことを明かした、孫のような年齢の羽生の言葉に女性たちは、「テレビの中から元気もらってますよ」「たやすくできることではないよ」と口々に声をかけた。

それは嬉しい言葉だった。

自分は人々の思いに耳を傾け、伝えていく。そんな思いで羽生は聞いた。

「せっかくこうやって皆さんにお会いできたので、ちょっとでも皆さんの話が聞けたらいいなって」

そう話した羽生に、裁縫教室の先生、高原カネ子さんは、故郷について問うた。

「私たちは故郷を追われてこんな生活をしていますけど、羽生君にとって、故郷って自分の今の人生を作り上げる上でどんなふうに役立っている？」

羽生は当時、故郷の仙台を離れ、カナダのトロントで練習をしていた。

「僕はいま故郷を離れてカナダで練習していますけど、それを決めた時はものすごく辛くて。子供のように泣きじゃくっていました。それでも、どれだけ遠くに行っても故郷は故郷なんだなって、思うようになりました。どんな状況にいても、故郷って一生変わらない」

羽生にとって故郷は、かけがえのないものだった。

そして高原さんたちの故郷・楢葉町には当時、避難指示が出され、住むことができなくなっていた。

「私たちは4年間、故郷を追われていて、改めて故郷って何だろうってずっと問い続けていたんです」

楢葉町は東電の福島第一原発からわずか16キロに位置し、原発事故で全町民、約８０００人が避難した。

住民たちが去った楢葉町では、黒いフレコンバッグが山積みになっていた。中に入っているのは、除染された放射性廃棄物。主人を失った民家の前にも、山積みになっていた。誰もいなくなった町。公園にも遊ぶ子供たちの姿はない。学校にも、駅にも、住民は誰もいなかった。町を行き交うのは、防護服を着た除染の作業員と作業用のトラックだけだった。

故郷の姿を一変させた原発事故。その東電について高原さんは。

「東京電力のあり方についての怒りはありました。でも怒っていると、自分がすごく切ない。それともう一つは、私たちは悲しいけれども、東電に頼って生活の糧《かて》を得ていました」

　高原さんには、複雑な思いがあった。原発の周辺自治体には、東京電力の関連会社が多く、原発の恩恵も受けていた。過疎が進んでいた町で、原発が地元の経済を支えていたことは事実だ。

「子供たちから故郷を奪ってしまったっていう負い目も持っている。その切なさの中で、本当に原子力って必要だったのか……っていうことも、すごく自分の中にあります」

　白か黒かでは割り切れない、思い――。

「原発を再稼働するなら、戻れなくなった廃墟の街を見ていただきたい。万が一のことがあったら、このように避難させる覚悟を持って欲しい」

　原発事故で変わり果て、離れざるをえなくなった、ふるさと。

　高原さんは続けた。

「ふるさとって……母のね、子宮の中にいる、羊水の中にいるほど安心できるようなものだなって痛感しています」

　かけがえのない、ふるさと。高原さんや女性たちの目から涙が溢れる。故郷を思う気持ちは、楢葉の人たちも、羽生も同じだった。

「皆さんにとっての故郷と僕にとっての故郷は何も変わらないんだなって思いました。やっぱり故郷って一番落ち着ける場所だと思います」

「足元を見ると感謝することがいっぱい転がっている」

仮設住宅では、地元の近隣の人々や友人とも離れ離れ。孤独死も報告されていた。

そんな中でこの裁縫教室は、人々をつないでいた。

82歳の女性が羽生に話す。「ここに来て、先生の話やみんなの顔を見て元気をもらって。頑張って」

「頑張ろう、みんなで」高原さんも答える。

立ち止まる日があっても、一歩下がる日があっても、少しずつ幸せを見つけて、前を向いていこう。裁縫教室にはそんな雰囲気があった。

羽生は、高原さんたちに語った。

「生きていて辛いことのほうが絶対多いし。辛いことのほうがたくさんあって、幸せってなんだろうなって思うことはある。だけど、頑張っていて、幸せなことが起きないなとか感じている時、幸せを求めている自分が一番幸せなんだなって思います。夢に向かっていく過程が一番、夢のような時間だし」

その思いは、同じ震災を経験した高原さんにも、通じるものがあった。

「そうですね。目的があるって素晴らしい。それは私たちも実感だね」

そして高原さんは今、幸せだと話した。

「避難生活は辛いことばっかりって思えばそうなんですけど、足元を見ると感謝することがいっぱい転がっている。その感謝が結局、幸せに感じることが多いので、私は今、点数をつけたら１００点。幸せだと思っている」

もちろん、辛いことはたくさんあった。

「死にたいと思うこと、この4年間何回もありました。でもやっぱり私たちが生きていることに意味があるし、私たちは生きて、楢葉に帰って、何かを発信する役割で生かされているんだって思います」

生きている自分には、役割がある。それは、羽生にも。

「羽生君も、そのスケートの技術を使って発信することが、神様が与えている役割だと思う」

羽生も思いは同じだった。

「僕は結構、被災者代表としてみたいな感じで言われていたので、それが嫌だったというのがあったんですけど、今はこうやって、せっかくこういう役目を持っているからこそ、こうやって発信できることがすごく嬉しいし、皆さんと会えることもすごく嬉しい」

自分には、役目がある。

「こういう機会があると、スケートやってて良かったなって思うし、生まれてきて良かったなって思うし。それってものすごく幸せなことだと思います」

幸せだと話す羽生を、高原さんは笑顔で見つめた。

「自分が幸せでなければ、人に幸せのお裾分けはできませんもんね」

羽生が1年前、石巻で気づいたこと。それは揺るぎのないものになっていた。

「僕の生きてる意味って、一番大切なのは、試合で結果を残すこと。やっぱり結果を残すことが、一番皆さんにできることだと思う。スケートで結果を取れれば、みんなが元気になってくれる」

「プレッシャーよね」高原さんは少々心配そうだ。

しかし、羽生は。

「プレッシャーよりも、せっかくこんな人生を歩めるんだから……なんだろう、もっと幸せを感じなきゃな……って、今すごく思っています。現役をすごく頑張って、また皆さんの前に立てるようにしたいなって思っています」

力強く、そう言い切った。

またいつか、楢葉で

すっかり打ち解けた雰囲気になった羽生に、花を縫っていた女性が、作り方を教えた。手作りのストラップもあった。

女性たちは、羽生に手作りの小物をたくさんプレゼントした。

教室では、女性たちが作った小物の展示会を各地で開き、販売もしている。それが生きがいにつながっていると、高原さんは羽生に話した。

「イベントで売れると、お金をいただくというよりも、楢葉を覚えてもらったり、原発で避難していることを少しでも訴えられたらと思うんです。女たちの手仕事でね」

「それは生きがいがありますよね、自分が生きた証《あかし》みたいな……」

「今日みたいに羽生君にもらってもらうとね」

高原さんが茶目っ気たっぷりに話すと笑いが起きた。

みんな、とびきりの笑顔で記念撮影をした。

「またいつか、お会いできたらいいですね。それも楢葉でね」

高原さんの言葉に、羽生は「そうですね」と笑顔でうなずいた。

その言葉は、後に実現することになる。

仮設住宅の暮らし

次に羽生は、同じ仮設住宅に住む夫妻を訪ねた。

石澤輝之さんと妻のミヤ子さん。70代の夫婦2人で、2間の部屋に住んでいた。

ミヤ子さんは、押入れにいるもう1匹の家族に声をかける。

「かこちゃん、かこちゃん」

ニャー、と返事をした猫に、「羽生結弦さんだよ、いっぱい活躍しているんだよ」と、羽生を紹介した。羽生は「分からないと思う」と、笑って猫をなでた。ニャーと鳴いた猫に、羽生の表情が緩《ゆる》んだ。羽生は犬も好きだが、猫はもっと好きだという。

「可愛い、癒される」

羽生は、夫妻に尋ねた。

「やっぱり猫の存在は大きいですか？」

「大きいな、癒されるからな」

「癒されますよね」羽生はうなずいた。

夫妻にとって猫はかけがえのない家族の一員だった。だが、仮設住宅に入居した当初、すっかり変わった環境に猫は大きなストレスを感じていた。もともと2匹いたが、1匹はストレスで死んでしまったという。

「痩せてね、食事もしなくなっちゃって。悲しかった……」

「家族だから……」

避難指示が解除されたら楢葉に帰ろうと考えていた石澤さん夫妻は、週に一度、自宅の様子を見に帰っていた。しかし、4年間人が住んでいなかった家は、すっかり荒れ果ててしまっていた。

「床板が腐っちゃって」そう言いながら、羽生に自宅の写真を見せた。

地震で物が倒れ、自宅を片付ける間もなく夫妻は避難を余儀なくされた。畳にはカビが生え、ネズミにも荒らされたという。

「周りも草がぼうぼうで、行くとガッカリしちゃうんだよね」

一方、仮設住宅に入居した当初は知り合いもいなかったが、時が経つにつれ、新しい人間関係もできた。

「こういう生活、悪いことばかりじゃないですよ。知らなかった人と出会ったり、楽しいこともあります。自分で楽しいことを見つけたりして、今は楽しいです」

ミヤ子さんは、仮設住宅を出ることにも寂しさを感じるという。

「ここが故郷みたいになっちゃった……？」羽生がそんな感想をもらすと、ミヤ子さんは

「そうなんです。向こうが第二の故郷みたいになっちゃった」と答えた。

一方で、楢葉町に帰らないことを選択する人もいる。

「戻れっていうのが無理だと思う。だって職場もないし」

避難生活も4年を過ぎていた。若い世代は避難先で生活基盤を作った人々も多い。

「能力があっても、楢葉町には活躍する場がないですもの。出て行かざるをえないね。引き止めることもできないし。しょうがない、それは」

故郷に帰っても、知り合いも少なく、商店や病院などのインフラもまだ整っていない。

ミヤ子さんは防犯面も気がかりだと打ち明けた。

放射能への不安もあると、輝之さんは言う。

「放射能は、見えないからね」

「見えないからこその怖さ……」羽生はつぶやく。

ミヤ子さんはうなずく。

「見えれば納得する部分もあるけど、見えないとどうしても怖い。恐怖心をあおりますよね」

それでも帰ることを決めた理由を、ミヤ子さんはこう話した。

「でも楢葉に行くと、やっぱりほっとするんですよ。お墓もありますし。だから帰ることにしました」


避難指示が解除されて故郷に戻ることは、幸せなことだと、羽生は思っていた。それが復興だと思っていた。しかし、そこには解決しなければならない問題がまだたくさんあり、さまざまな思いがあることが垣間見えた。

「なんかすごくいろんなことがあるんだなっていうか。もっともっと問題はたくさんある。もっと知っておかなきゃいけない状況だと思います」

大切なのは、福島の人々の思い、そして気持ち。もっと自分は、知らなければならない。

富岡町の現状

その後、羽生は、楢葉町に隣接する富岡町からいわき市に避難している男性を訪ねた。

「遠藤と申します」

呼び鈴を押すと、遠藤義之さんが迎えてくれた。遠藤さんは震災後、避難先のいわき市で弁当やケータリングの会社の経営を始めた。その傍ら、富岡町の現状を知ってもらおうと、震災の語り部の活動もしていた。

富岡町は、福島第一原発から約10キロに位置している。楢葉町と同様に約１万６０００人の町民は全員が避難。当時、津波で破壊された建物もまだ残されたままだった。

遠藤さんは震災前、富岡町のホテルに勤めていた。海のすぐそばに建つホテルは、美しい海の景色が楽しめると評判だった。ちょうどチェックインの時間帯に、ホテルは津波に襲われた。遠藤さんは命からがら逃げたと羽生に話した。

「気がついた時には、どんどん水嵩《みずかさ》が増した。船も押し流されて陸地にあがっていた。家々をのみ込む様子を高台から見ていたんです」

そのうち、水が引き始めた。すると。

「消防団が『高波来るから逃げろ』って。一目散に逃げたから今生きている」

４年が経っても鮮明に残る、記憶。

「現実じゃなかった。現実なんだけどね。忘れられないですね、あの瞬間」

羽生もまた、震災の時の記憶は鮮明だった。

「僕も鮮明に、何がどうなったか全部わかりますね」


遠藤さんには家族がいた。

「これ、僕の家族なんですけど。妻と娘2人」羽生に写真を見せてくれた。遠藤さんは、家族の写真を携帯の待ち受け画面にしていた。妻と娘2人は東京に避難しているため、離れ離れの生活が続いていた。遠藤さんは、震災当時富岡町に家を建てて住んでいたが、帰宅困難区域にある自宅に帰れるめどはたっていなかった。

「家を建てるということは、一生ここで暮らしていくんだぞっていう決意でしょ。だから一生懸命作った」

「人生の拠点ですよね……」

「一瞬にして失ってしまうのは本当に悲しいことです」

「建てて何年ですか？」

「建てて4年で震災ですかね。そういう意味では心が残る。気持ちが残る。……諦めはなかなかつかないです」

震災前の富岡町は桜の時期、多くの人で賑わった。しかし震災後、人気《ひとけ》が消えた町では、雑草に覆われた民家が目についた。人が立ち入らない家の内部はカビが生えて荒れ果てていた。

遠藤さんもまた、楢葉町の石澤夫妻のように、朽ち果てていく我が家の姿に心を痛めていた。

心の分断

遠藤さんは羽生に問いかけた。

「羽生君、生まれ育った町って特別じゃないですか。自分が通った学校があって、友達の家があって……」

「思い出がありますよね」

「その積み重ねが、人間の重みになっている」

遠藤さんは、その故郷の人々の間に起きている「心の分断」についても語った。
「区域の違いによって、実際に賠償の違いが出てくる。同じ町内、同じ町民ですら、そこに壁があるというだけで、違いが出てくる」

富岡町は当時、帰宅困難区域、居住制限区域、避難指示解除準備区域と、３つの避難指示区域に分かれていた。区域は放射能の年間積算線量によって分けられ、東京電力からの賠償の額にも差が出ていた。１５５ページの写真では、帰宅困難区域のすぐ向かい側が居住制限区域だ。同じ町内でも道を一つ挟んだだけで賠償額に差があったのだ。

遠藤さんは続けた。
「避難して一緒に励まし合ってきた人が、賠償の発表があってから『今までもお世話になったし、これからも一緒にいたいと思っていたけど、連絡を取るのをやめましょう』って」

避難先で支え合っていたはずの町民たちの間に起きた、〝心の分断〟。
賠償の差が、コミュニティーの人々を分断してしまっていた。

すごく悲しい、と羽生は言った。

「みんなそれぞれの不満を持っていると思うし、ストレスを感じていると思う。みんな辛い思いをしている。絶対にそういう辛い思いを共有できるところがあると思います」

震災後、遠藤さんが勤めていたホテルは全スタッフが解雇された。その時、遠藤さんは全スタッフを呼び集め、会社を作ることを決断。震災の半年後に、いわき市で弁当とケータリングの会社を始めた。福島の食材を使い、必要な人々に届ける。それは険しい道のりでもあったが、未曾有の災害を生き延びた者としての使命だと遠藤さんは考えていた。

遠藤さんは、羽生に語りかけた。

「羽生君には、羽生君の道がある。そこを強く、自分たちは震災を生き残った者として、これからも使命を全うしていかないといけないと思う」

それに、と遠藤さんは付け加えた。

「羽生君たち一生懸命頑張っている人たちを応援していると、逆に僕の背中を押してもらえる気がするんです。自分だけじゃない、だから僕も頑張ろうって。本当にそうやって生きてきました」

ふるさとの未来に向かって。

「未来に向かっての復興ってよく言うんですけど、結局未来なんて1日1日の戦いの積み重ねでしかないから」

その遠藤さんの思いは、羽生にも通ずるものがあった。

「とにかく今何ができるかを探し続ける感じですね」

遠藤さんはうなずいた。

「自分で決断して進む道だから、その時に最高の対応、ベストな対応ができる自分でありたい。その戦いをずっとやっている感じがします」


今回の訪問で羽生は、原発事故の起きた福島ならではの思いの数々に触れた。

「帰るという方向だけが答えじゃないんだなって改めて感じました。その時の決断、帰る、帰らない、または帰れない人だっているし。帰ることすらも本当に正しい道なのか分からない、そう感じている人がいるんだなって、改めて知ることができました」

人それぞれ、さまざまな思いがあった。

「仮設住宅で生活していて、もちろん皆さんが苦しい思いをしていると思うんです」

しかし、その中で。

「一瞬であっても、幸せそうに見えたんですよ、僕には。苦しい思いを乗り越えたとかっていうわけじゃないと思うんですけど、その中で幸せっていうのを感じていると僕は思いました」

自ら足を運び、感じた福島の思い。

「現時点では、僕は何かを発信できる立場にいると思う。何かをつなぐために、僕は今、何かをつなげる役割があると思う。せっかく命はあるんだし、遠藤さんも言っていたけど、生かされているので、この命をしっかり大切にして、自分が生きる意味っていうか、自分ができることを、自分が今できることを一生懸命やりたい」

自分が聞いた思い、感じた思いを広げていく。

それは、羽生が金メダリストになったからこそ、できることだった。

２０１６年　仙台空港　取り残された民家

２０１６年１月。

羽生は、私たちの取材で仙台空港周辺に向かった。津波で大きな被害を受け、一面の更地が広がる中、1軒の民家が取り残されていた。羽生が仙台空港に向かうたびに、車窓から見え、気にかかると言っていた民家だ。津波に破壊されたまま、柱が剥き出しになっている。この辺りでは唯一残された、津波の衝撃を目の当たりにする建物だった。

羽生は民家へと歩いて行った。近くから見るのは初めてだ。

この民家に住んでいた、当時74歳の鈴木英二さんが手を振って迎えてくれた。

「ここがリビングだったんですよ」

鈴木さんは剥き出しになった一角を指差す。津波の衝撃で壁も破壊され、中が丸見えになっていた。

「こちらが台所。一番大事にしていた部屋」

台所は跡形もなくなっていた。鈴木さんがこれまでに集めた、思い出の品々も流されてしまっていた。

仙台空港周辺で駐車場を経営する鈴木さんは、津波を見て、仙台空港の鉄道駅に避難したという。階段を登るとすぐに水が押し寄せてきた。

「もう体が震えてどうにもならなかった」

鈴木さんと別の建物に避難した人は亡くなった。歩いている人も見かけたが、助けられなかったという。

「生と死。いろんな場面がたくさんありました」

間一髪で助かったものの、変わり果てた我が家を見た時は、辛かった。

「こういう被害にあいますと、本当にうつろになって、何もやる気がなくなります」

そんな鈴木さんに、力を与えたものがあった。

「この中でびっくりなのがバラなんです。震災でバラが生き残って」

津波で庭の草木も流されてしまったが、バラが1株、生き延びていた。それを見つけた時、生命力の強さを感じたという。

羽生はバラを見つめた。「実もつけるんですね……」冬の冷たい風に吹かれ、バラは枯れていたが、春に再び美しい花を咲かせるため、しっかりと実をつけていた。

鈴木さんは、津波の被害にあった自宅を、そのままの姿で震災遺構として残すことを決めた。

しかし一方で、震災遺構には地元でもさまざまな意見もある。伝えていくために必要だと考える人々もいれば、あの震災を思い出したくないと感じる人がいるのも事実だ。羽生は聞いた。

「残さないで欲しいとか、思い出したくないっていう思いは、どう受け止めていますか?」

鈴木さんは、反対する側の気持ちも分かっていると言った。

しかし、それでも。

「私はやっぱり未来に生きていくっていうほうを選びます。過去を忘れずに、生き残った人を守っていくのが僕の役目じゃないかと思います」

鈴木さんもまた、生き残った者としての使命があると考えていた。

仙台空港の周辺では復旧工事が進み、津波の爪痕をうかがい知ることはできなくなってきている。しかし、自分が自宅を残せば津波の衝撃を語り継ぐことができる。

「言葉はいらない状況だと思います。これを見て、いろいろと考えてもらえば……。それを私は伝えていきたい」

千年希望の丘

鈴木さんと別れた羽生は、仙台空港に隣接する岩沼市の「千年希望の丘」に向かった。広い公園に、高さ9メートルから11メートルの避難丘が14基整備されている。丘は震災の瓦礫で作られ、丘と丘の間には、木が植えられていた。将来、再び津波に襲われる日が来たとしても、木々が育てば、津波の力を減衰させ、丘の上に避難ができる。そう考えられて作られた公園には、千年先まで子供たちが笑顔で暮らせるようにという願いが込められている。


羽生は丘の階段を登った。スロープも作られている。

「スロープも作ってるんだ……車椅子でも逃げられるように」

頂上に登ると……「すっごく高い」思わず呟く。高さ11メートルの丘から見下ろすと、更地の中に、鈴木さんの自宅を見つけた。

復興が進む中、取り残された津波の爪痕。

「……止まってるなって……。時間がそこだけ止まっているって感じ。でも、止めてるんですよね。止まっているというより、止めている。震災を風化させないために……」

丘から見下ろすと、津波の威力を伝える鈴木さんの自宅は、さらに深く印象に残った。

このとき、震災から5年が経とうとしていた。

「僕の記憶の中では、僕の経験の中では、震災が一番苦しいものだった」

21歳になった羽生は震災についてそう語った。しかし、今。

「受け入れることができるんですよね、もう。これが普通だって。震災がなかった人生って自分の中で思い浮かばないです」

5年の月日は、羽生の中で震災を〝普通のこと〟に変えていた。

「震災がなかったらとか、震災があったからとか、震災をきっかけにとか、そういうものじゃないんですよね、もはや。こんなに何もかもなくなってしまったことが普通だとは思えないはずなのに、ここから歩き出していくことがすごく普通に思える。だからこそ、少しずつでも歩き出して前を向いて、頑張っていられるんじゃないかなって思います」

2015年
福島県へ
20歳

いわき市

いわき市の仮設住宅を訪問

楢葉町から避難してきた裁縫教室の人々

裁縫教室の先生 髙原カネ子さん

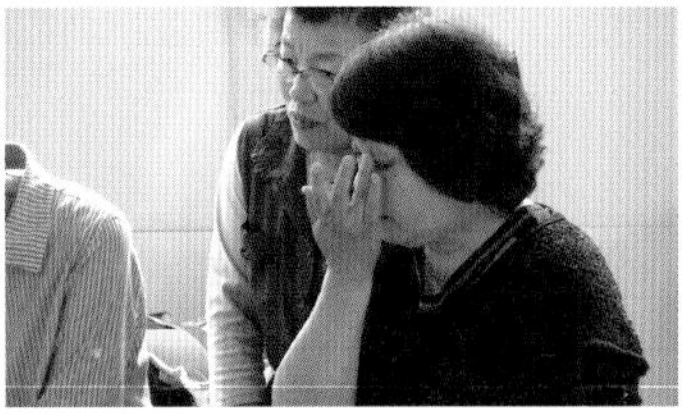

帰れなくなったふるさとへの思い

富岡町からいわき市に避難 遠藤義之さん

住民が消えたまち
2015年　楢葉・富岡

楢葉町

民家の前には放射性廃棄物を入れた
フレコンバッグが

主人を失った民家は木々に侵食された

富岡町

津波の被害もそのまま

2016年
宮城県・仙台空港周辺　21歳

更地となった仙台空港付近

民家が1軒残されていた

民家に住んでいた鈴木英二さん

COLUMN

福島第一原発事故と避難指示区域

福島第一原子力発電所3号機爆発　2011年3月14日
（提供：福島中央テレビ）

福島県大熊町と双葉町に位置する東京電力の福島第一原子力発電所は、震災の影響で「全交流電源喪失」状態となった。1号機・2号機・3号機は、メルトダウン（炉心溶融）を起こし、放射性物質が放出。IAEA＝国際原子力機関が定める国際原子力・放射線事象評価尺度において最悪のレベル7（深刻な事故）に分類された。

地震翌日の3月12日には、1号機の原子炉建屋が水素爆発を起こした。3月14日には3号機の建屋、翌15日には4号機の建屋も次々と水素爆発を起こした。

政府は、3月12日、原発から20キロ圏内の住民に

原発事故による避難区域
（2011年4月22日時点）

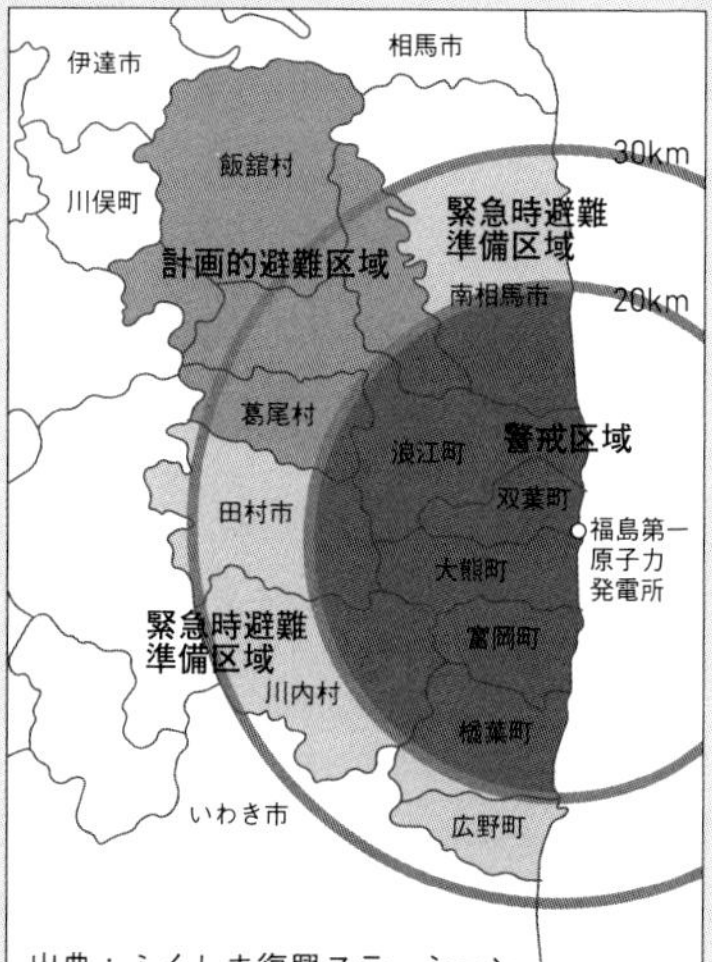

出典：ふくしま復興ステーション

避難指示を出した。福島県ではピーク時には16万４８６５人が避難した。

羽生が福島を訪問した２０１５年6月、富岡町は、放射線量に応じて、政府が定める３つの避難区域に分かれていた。

帰宅困難区域は、区域の境界にバリケードが設置され、立ち入りを原則禁止している。特別な許可のもとで住民の一時立ち入りが認められているが、各自放射線量の計測や防護服の着用などが必要だ。

居住制限区域は、寝泊まりはできないものの、自宅の片付けなどで住民の一時帰宅を認めるとした。

避難指示解除準備区域は、寝泊まりは原則認めないものの、一時帰宅のほか、事業の再開などは認められ、早期の自宅帰還を目指す地域と定められた。

１５５ページの画像では、道路を一つ挟んだだけで、帰還困難区域と居住制限区域に分

富岡町の避難区域（2015年時点）

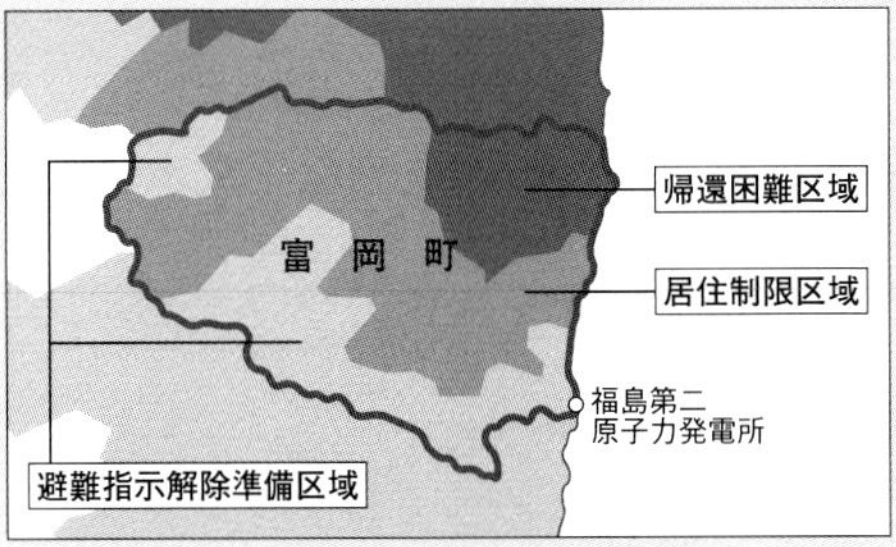

富岡町（2015年撮影）
道路の左側が帰宅困難区域 右側が居住制限区域

かれ、東京電力からの賠償に差が出た。

福島県によると震災から10年が経ってもなお、3万4890人が県の内外で避難生活を送っている。（福島県2021年8月）

第7章

復興に重ねた連覇への道

2014年～2018年

19歳～23歳

震災の復興の過程に重ねた4年間

２０１８年2月。

韓国で行なわれた平昌オリンピック。ディフェンディングチャンピオンとして挑んだ当時23歳の羽生には、フィギュアスケート男子シングルで実に、66年ぶりとなる連覇がかかっていた。羽生にとってオリンピック連覇は、子供の頃からの目標だった。

会場を埋め尽くした観客の前で、羽生はスケートリンクに入った。

「ユヅル・ハニュー」

大きな歓声が沸き起こる。羽生は演技冒頭のポーズをとった。

ソチオリンピックからの４年間。連覇を目指す道のりを、羽生は震災の復興の過程に重ねていた。

「金メダルを取りにいく過程は、ある意味復興の過程と同じだと思います。一つの目標があって、そこのゴールに向けてどう気持ちを持っていって、前を向くかという感覚がちょっと似ている」

復興への道は決して平坦ではない。目標は同じ一つの復興でも、その過程にはさまざまな問題や意見の違いがある。

そして、羽生のオリンピック連覇への道のりも、平坦なものではなかった。

オリンピック連覇への道と復興

２０１４年11月。

ソチオリンピックでの金メダル獲得から9カ月後、羽生は、中国・上海で行なわれた主要な国際大会、グランプリシリーズ中国杯に出場した。

ここで羽生は試合直前の練習中に、他の選手と衝突。頭部挫創、下顎挫創、左太腿挫傷、右足関節捻挫、そして腹部挫傷と診断された。

この腹部の挫傷が原因で、その翌月には、尿膜管遺残症（胎児の頃に膀胱《ぼうこう》と母体をつないでいる管が生後も閉じずに残っている状態で、そこに炎症が生じること）で、緊急手術を受けた。

２０１５年は飛躍の年となった。

11月のＮＨＫ杯、そして続く12月のグランプリファイナルで、次々とショート、フリー共に世界最高得点を更新。史上初めて総合得点で３００点の大台を超えた。

また翌年、２０１６年には、世界で初めて４回転ループを成功させた。

そして２０１７年３月、平昌オリンピック１年前の世界選手権では、フリーで世界最高得点を再び更新し金メダルを獲得した。

平昌オリンピック４カ月前の２０１７年10月には、当時、世界で数人しか成功例のない最高難度の４回転ルッツに成功。オリンピック連覇に向けて、死角はないように見えた。

しかし、オリンピック３カ月前の２０１７年11月。大阪で行なわれたＮＨＫ杯の公式練習で、羽生は右足首をケガした。

羽生はその後、オリンピックまで全ての試合を欠場。平昌に間に合わせられるのかどうかが、大きな関心事となっていた。

浮き沈みの激しい平昌への道のり。しかしその道のりは、復興への過程にも通じるものがあると、羽生は感じていた。

「震災が起きた時も、余震が起きたり、うまく進まなかったり、後退したりという部分っていっぱいある。ソチから平昌までの４年間を振り返ってみたら、中国でぶつかった時が大震災だとしたら、それからいろんなケガや病気があった」

そして、オリンピック直前のケガ。

「自分が足首をケガした時も、ある意味自分が積み上げてきたもの、いわゆる復興して前に向いて、やっと新しいところまで着工できたのに、急にそこができなくなったとか、そこが壊れたとか、そういった気持ちの状況と同じだと思っていた」

連覇への道のりは、復興にリンクする部分もあると感じていた。だからこそ、自分が金メダルを取ることが支えになったら……。そう思っていた。

２０１８年２月。

平昌オリンピック、フィギュアスケートの会場となった、江陵アイスアリーナ。

熱気が高まる会場に、羽生が姿を現した。

声援は一段と大きくなる。

右足首のケガは、治っていなかった。氷上での練習を再開できたのは、本番わずか１カ月半前。４回転ジャンプを取り戻したのもギリギリだった。羽生は痛み止めを飲んで、大舞台に臨んでいた。

「追い込まれた状況でした。自分の中ですごくプレッシャーをかけたし、皆さんの期待に応えなければいけないという気持ちにもすごくなった。だからこそ、時間がない中で金メダルを取るために頑張ってこられた」

被災地を含め、応援してくれる人々の気持ちをちゃんと平昌に持っていく——。そして、金メダルを取る。

日本全国で、そして被災地でも、大勢の人々が羽生を応援していた。

羽生の地元、宮城県仙台市では、パブリック・ビューイングが行なわれた。

福島の楢葉町でも、羽生を応援する人々が集まっていた。２０１５年に羽生が訪ねた仮設住宅の裁縫教室の人々だ。その頃はいわき市に避難していたが、その後楢葉町の避難指示が解除され、今は故郷・楢葉で裁縫教室を開いていた。

裁縫教室の人々は集まってテレビに映る羽生を応援していた。

特別に、金粉入りのお茶を用意した。裁縫教室の先生、高原さんなりの願掛けだった。

「金粉ですよ。金メダルをかけて金粉」金粉入りのお茶を飲みながら、平昌の羽生に声援を送っていた。


演技が始まり、羽生が流れるように4回転ジャンプを決めると声援が上がり、ステップでは手拍子が起きた。

それは会場だけでなかった。仙台でも、楢葉でも、全国のテレビの前で人々は平昌の羽生を応援していた。


4年前のソチオリンピックでは、自分の金メダルは無力だと思った。何もできていない、復興の手助けにはなっていないと、羽生は感じていた。でも、今は、自分の結果が人々を笑顔にできることを知っている。

「被災地からの応援は力になるけど、重荷になっていたことも、もちろんありました」

羽生はそう明かしたことがあった。それで葛藤していた自分もいた。でも、その応援を、平昌オリンピックの大舞台で、力にすることができた。

懸命に、羽生は戦った。

そして、オリンピックのフィギュアスケート男子シングルで、実に66年ぶりとなる連覇を成し遂げた。

平昌の会場は、歓声と喜びに包まれた。遠く離れた仙台でも、そして楢葉町の高原さんたちも。

「いやー、良かった。もう何も出てこない、言葉。やっぱり私たちの前を向く力になりますよ」

羽生の胸に、再び、金色のメダルが輝いた。

復興の過程に重ねた連覇への道のり。それを、自ら意識して、金メダルを勝ち取りに行くことができた。

ソチの時の無力感は、もう、なかった。

メダリスト会見で、羽生は、4年前と同じように震災について聞かれた。

「2011年の震災の体験は、この4年間でどのように変化しましたか？」

羽生は4年前を振り返った。

「ソチオリンピックでもこのような質問をされて……どういうふうに答えたらいいか分からなくなった自分がいて。その時の自分に何を言ってあげたらいいかは、未だに分からないです」

しかし、分かったこともある。

「自分が金メダルを持って被災地の方々に挨拶をした時に、たくさんの笑顔が見られたので、今度はちょっと自信を持って、皆さんにまた、笑顔になってもらえたらいいなと思っています」

応援してくれた人々の思いが自分を通して結晶に、金メダルになった。これは、みんなの力を固めた金メダルだ——。

ノッテ・ステラータ　満天の星に込めた思い

羽生は、成績上位の選手が出演するエキシビションで滑る曲も決めていた。

イタリアの男性オペラ歌手ユニット、イル・ヴォーロが歌う「ノッテ・ステラータ」。

「ノッテ・ステラータ」は、イタリア語で満天の星を意味する。

3月11日の夜、絶望の中で見た、満天の星。

あの真っ暗な夜に見えた星たちは、明るくてとても綺麗だった。

羽生は美しい満天の星が、希望の光だと感じた。

震災から立ち直って、被災地が少しでも明るくなるように。

そんな思いを胸に、羽生は音楽が流れると、まるで星空を見上げるように天井を見上げ、流れるように舞った。

そして、「ノッテ・ステラータ」は、愛の歌だ。その歌詞に、故郷への思いを重ねた。

僕の思いの中にあるのは　ただ君だけ
ずっと君のそばにいる
人の群れの中でも君を探すよ
どんなに君を愛しているか
もう君も分かっているだろう
君の思いの中にも　これからはいつも僕がいる
ごらん　なんという満天の星の夜
僕らのための愛の夜
分かっているだろう？　僕は君を愛している
君も　もう僕を愛している
ごらん　この満天の星の夜

手を差し伸べ、その先に満天の星があるかのように羽生は見上げた。

愛する故郷と共に、前へ。羽生の歩みは続く。

2014年〜2018年
復興に重ねた連覇への道
〜ソチから平昌までの4年間〜

（提供：ZUMA Press/アフロ）

（提供：YUTAKA/アフロスポーツ）

2014年11月　中国杯（当時19歳）中国杯のケガが原因で尿膜管遺残症を起こし緊急手術

（提供：アフロ）

（提供：YUTAKA/アフロスポーツ）

2015年12月　グランプリファイナル優勝 ショート・フリー・総合で世界最高得点（当時21歳）

2017年3月　世界選手権優勝（当時22歳）
（提供：7044/アフロ）

第7章
復興に重ねた連覇への道
2014年～2018年　19歳～23歳

2017年10月　ロステレコム杯（当時22歳）
4回転ルッツ成功
（提供：松尾/アフロスポーツ）

2017年11月　NHK杯（当時22歳）
平昌五輪3カ月前に右足首をケガ
（提供：西村尚己/アフロスポーツ）

2018年　平昌五輪　23歳

フィギュアスケート男子シングル66年ぶりに連覇
（提供：YUTAKA/アフロスポーツ）

（提供：YUTAKA/アフロスポーツ）

2015年に出会った裁縫教室の人々はふるさと楢葉で応援
（提供：福島中央テレビ）

エキシビション「ノッテ・ステラータ」
（提供：エンリコ/アフロスポーツ）

2018年　仙台で平昌五輪優勝パレード
（提供：アフロスポーツ）

第8章

再会 “ふるさと”楢葉で

2018年

23歳

66年ぶり連覇達成のパレード

２０１８年４月。

ケガを乗り越え、66年ぶりのオリンピック連覇を達成した羽生を祝し、再び地元・仙台でパレードが行なわれた。

車に乗り、ゆっくりと進む羽生に、

「おめでとう！」沿道から口々に人々が叫ぶ。

祝賀パレードには約11万人がつめかけ、宮城県の全テレビ局が特別番組で生中継するほどの熱狂ぶりだった。

声をかけてくれる人々、そして温かい目で見守ってくれる人々。人々の思いが羽生の心に、脳裏に焼き付いた。

「一つ一つの力が、自分の背中を押してくれた」

羽生は改めて実感した。

遠くで見ている人々まで届くように……羽生は精一杯手を振り、たびたび演技のポーズも披露して、集まった人々を沸かせた。

　オリンピックでの歴史的な快挙は、羽生に国民栄誉賞ももたらした。わずか23歳での受賞は個人としては最年少だった。その活躍が震災復興への強いメッセージとなったことも表彰の理由の一つに挙げられた。

　総理大臣から、表彰状と盾が贈られた。

　この賞は自分だけで取れたものではない。ここまで切り開いてきた人々の代表として、そして被災地を含め多くの人々が応援してくれたおかげだと、羽生は感じていた。

「皆様の力が僕に注がれて、その力がまた皆さんに巡ってということになるには、その期待に応えなければならない。これからもさらに身を引き締めて頑張っていきたいです」

　羽生は会見でそう話し、感謝の思いを伝えた。

福島県楢葉へ

　毎週のようにアイスショーに出演し、忙しい日々を送る中で7月、羽生は私たちの取材で福島県楢葉町に向かった。

羽生は今回、ソチと平昌、２つのオリンピック金メダルを持ってきていた。

「ソチのほうが大きい」羽生は２つの金メダルを重ね合わせ、笑顔を見せた。

「重さは平昌のほうが重いですね。明らかに違いますね」

自分自身でも、平昌の金メダルにより重みがあると感じていた。

応援してくれる人々の思いと共に戦い、取りに行けた金メダルだった。

「皆さんの力を固めた金メダルが、また皆さんに還元されて皆さんが幸せになってくれたかなって」

金メダルはみんなの思いの結晶――。

そして楢葉には、金メダルを見てもらいたい人々がいた。

黒いフレコンバッグが積まれた地域を過ぎると、楢葉町が見えてきた。

羽生は車を降りて、町を歩く。楢葉町を訪れたのは、初めてだった。

「すごくきれい……すごくきれいですよね。こういうところを見ると進んでるなって思います」

楢葉町には、新しい住宅街が作られていた。その隣には、大きなショッピングセンターもある。スーパーや、飲食店、そして病院など、人々が生活していくために必要な施設が新たに作られていた。

かつては原発事故で全住民が避難したが、２０１５年に避難指示が解除され、新しい町づくりが始まっていた。この頃には住民の半数近く、およそ３４００人が戻ってきていた。放射性廃棄物を入れたフレコンバッグが山積みになっていた町は、今では、家には洗濯物が干され、花壇も美しく整えられている。そこには、人々の生活が、あった。

羽生は笑顔で新しい町を見つめながらも、そこに至るまでの道のりにも目を向けようとしていた。

「でもここまで来るのに本当に大変なんだろうなって……その背景もちゃんと考えなきゃって思います」

駅の周辺でも、新しい町づくりのための工事が行なわれていた。

そこで羽生は、あるものに目をとめた。

「なるほど、そっか。至る所にあるんですよね」

駅には、空気中の放射線量を測定する、モニタリングポストが置かれていた。楢葉町では、当時45カ所にモニタリングポストを設置し、放射線量の測定を行なっていた。そこには常に、放射線量が表示され、数値が目に入ってくる。原発事故と隣り合わせの現実があった。

「なんか複雑ですよね。ここにモニタリングポストがあるっていうのも複雑だし、数字を見なきゃいけないし」

その数値は、この場所に人が住んでもいいと定められた放射線量を示していた。自分がいる場所の数値を知ることは、住民の安心にもつながっていた。

裁縫教室と2つの金メダル

その後羽生は、楢葉町のまなび館を訪ねた。以前、小学校だった建物では地域の交流拠点としてさまざまなカルチャー教室が開かれていた。そこに、裁縫教室もあった。２０１５年、いわき市の仮設住宅で開かれていたあの裁縫教室だ。当時、楢葉町は避難指示が出ていて、人々は近隣のいわき市などで避難生活を送っていた。それが今では、故郷、楢葉で毎週、教室が開かれるようになっていた。

「立派ですね……」羽生はそんな感想をもらし、廊下を歩いた。

裁縫教室の入り口にはカーテンがかかっていた。

カーテンを開けて、中に入る。今回も羽生の訪問はサプライズだった。

羽生に気づいた女性たちからは、すぐに歓声があがった。羽生は拍手で迎えられた。

「ありがとうございます」お辞儀をする羽生に、裁縫教室の先生、高原カネ子さんが声をかける。

「みんなあれから3年過ぎたから、老けたかなって」高原さんが冗談めかして言うと、

「たぶん、一番老けたのは僕です、間違いなく」と、羽生が返した。

教室の壁には、3年前に羽生が訪問した際の写真が飾られていた。羽生を真ん中にして、

裁縫教室の人々が周りを囲んでいる。みんな、とびきりの笑顔だった。

「あの写真、ずっと飾ってあります。あの時、みんな若かったねって」

羽生は近くまで行き、覗き込んだ。

「若い！　羽生さん若い！　若いなぁ〜」

当時、20歳だった羽生は23歳になっていた。

３年前、いわき市の仮設住宅で高原さんは羽生とこんな会話を交わした。

「またいつか、お会いできたらいいですね。それも楢葉でね」

その言葉は、３年が経ち、現実となった。

そして、今回、羽生の手には、２つ目の金メダルがあった。嬉しい報告ができる。

「最初にメダルを……」

羽生は金メダルを女性たちに手渡した。

「こんなに重いんですね」

「すごい！」

女性たちは笑顔で次々に金メダルを回し、じっくりと見る。

「あと5年長生きする」そんな軽口も飛び出した。

多くの人々の思いが羽生の力になり、結晶となった金メダル。その金メダルは女性たちを喜ばせ、笑顔にした。羽生は嬉しかった。

僕が皆さんの期待に応えることとか、結果を残すことは、間違いなく皆さんが笑顔になれるきっかけになっている――羽生は改めてそう感じた。

スケートの話にも花が咲いた。高原さんは、羽生のある技が気になっていた。

「手をずーっとついているじゃないですか」

それは、スケート靴のブレードを深く倒し、低い姿勢で滑るハイドロブレーディングという技。羽生のトレードマークの一つにもなっている。

「……痛いんだろうなって」

「でしょ？ あれ手が痛いんです。難しいんですよね、意外と体重を支えるのがシビアで」羽生は笑って答えた。


翌日、羽生はテレビ番組で、演技を披露することになっていた。裁縫教室の人々も招かれていた。演目は平昌オリンピックのエキシビションで舞った、「ノッテ・ステラータ」。震災の日に見た満天の星に感じた希望の光を胸に、被災地が少しでも明るくなるように。そんな願いを込めたプログラムだった。

「僕の気持ちじゃなくて、皆さんが思うがままに見ていただけたらと思います。感じるままに感じてもらいたいなって思っています」

もちろん、羽生の動きにも意味は込められている。しかし。

「一つのしぐさが悲しみだったり、楽しさだったり、もしくはたそがれだったり、いろんなふうに想像できる。それってたぶん、皆さんが持っている気持ちを投影したものだと僕は思っています。僕がこういうふうにやってるから、こういうふうに受け止めなきゃ、とか、そういうことは全部忘れて。山の中にある木とかを見た時に、ああ、きれいだな、とか。景色みたいに見て欲しいなって思っています。それで心の余裕とかゆとりとかできたら……うん、嬉しいですね」

忘れないと生きられないこと、忘れてはいけないこと

裁縫教室の人々はこの日、ぬいぐるみを作っていた。丸い黄色の果実を擬人化したようなキャラクターだった。羽生は興味津々な様子で覗き込む。

「これ、新しいキャラクターですか？」

「これ、ゆず太郎って言って……」

高原さんからキャラクターの名前を聞いて羽生は思わず笑った。羽生は、名前の「ゆづ

る」にちなんで、「ゆづ」が子供の頃からのニックネームだった。

「ゆず太郎……」

「楢葉の公式キャラクター、ゆず太郎なんです」

実は、楢葉町は柚子《ゆず》が名産だ。町のマスコットキャラクターは柚子を擬人化した「ゆず太郎」。血液型はA型という設定だった。

「そっか。公式のキャラクターなんですか？　そうなんだ！」羽生は笑顔でゆず太郎を触った。

「かわいい。みんなで作っているんですね。これを売るんですか？」

「そこまではいかないけど、町の特産品開発じゃないですけど、何か土産物でも探れたらいいなって」

楢葉町には新しく道の駅がつくられることになっていた。そこには温泉もある。何か、楢葉をアピールできるようなお土産品を作れないか……、高原さんたちは模索していた。

避難指示は解除され、町に帰れるようにはなった。しかし、それで全てが一件落着ではない。長引く避難生活で、住民の中には、避難先で生活基盤を作り、楢葉には戻らないと決めた人々も多い。楢葉の未来のためには、町をアピールすることが大切だと高原さんは考えていた。

仮設住宅で人と人をつないでいた裁縫教室は、故郷、楢葉でも人々をつないでいた。

「皆さんが本当にお元気そうで僕もほっとしました」

「あの時より元気になって、みんな若くなってるでしょ。3年も過ぎているのにね」

「3年か……震災からもう7年ですもんね」

「楢葉はね、こうやって帰ってこられて。私なんかは、そんなことあったっけ？　と思う気持ちもある」

「〝遠い昔〟感もちょっとずつ出てきましたよね」

「そうですね。でも忘れないと生きていけないから。忘れないといけないこともたくさんあるよね」

「皆さん、帰れたんだなって嬉しいっていうニュースがあって、それを聞いて良かったなって思ったんです。けれど、実際に帰れてない方もいらっしゃる。やっぱりそこは忘れないでおかなきゃいけないなって。ただもう、やっぱり7年も前のことなので、それを忘れたいって思っていらっしゃる方もいる。本当にクローズアップの仕方で違う」

被災地の人々の状況や思いは、それぞれに違う。進み方も、受け止め方も違う。

「私たちはすごく考えて避難生活を過ごしてきて。私たちのことを避難民と呼ぶじゃないですか。この避難民に代わる言葉ってないかしら？　って、本気になって考えましたよ。でもいくら考えてもそれ以外の言葉は見当たらなかった」

高原さんは、被災者、避難民とひとくくりに呼ばれることに違和感があった。

「今は被災者じゃなくて、避難民じゃなくて、私はあの時の大震災を経験した人っていうふうに自分で思っています。その経験を無駄にしないように。私たちは大丈夫よって言える環境と心ができました」

生き抜くことは、息抜くこと

震災から7年。改めてそう思うと、羽生にも蘇る記憶があった。震災の翌年、羽生は練習拠点を地元・仙台からカナダに移した。

「カナダに行った時は申し訳ないなって思っていたんです。辛い状況だと分かっていたし」

「その時そう思いながらでも練習に励んだから今があって。今、私たちを元気づけてくれるわけだから」そんな高原さんの言葉に、羽生は少し笑顔になった。

「そこら辺はまだ心につっかかっていることもあります。自分の中にも、逃げちゃったかなって何となく思っている自分がいて。僕一人が考えることだからそうなるのかもしれない」

自分は震災から逃げた——その思いは、たやすく消えるものではなかった。

しかし、それでも。

「金メダルを取ることが、皆さんが笑顔になってくださるきっかけになっている。トロントに行かなかったら、たぶん金メダルは取れなかったから、その選択は自分の人生においては間違っていなかったと思います」

自分の金メダルを見せて、大勢の人に喜んでもらえる。それは故郷を離れたからこそ、できたことでもあった。

高原さんは、羽生に語りかけた。

「そういう意味で、自分を責めないで欲しいと思います」

「はい。生き抜く力は、息抜く力」

羽生は、教室の壁に貼られた言葉を指差して読み上げた。教室の壁には、楢葉の人々を元気づけてきた言葉が貼られていた。

生き抜く力は、息抜く力。

「ね、皆さん覚えてくださいね」

羽生の言葉に、笑顔が広がった。3年ぶり、故郷・楢葉での再会は、嬉しいひとときとなった。

「本当に楽しそうに作業している姿が印象的でした。あの頃の思い出話もできる環境にいるっていうのは、感慨深いものがありました」

裁縫教室を後にした羽生は、そう語った。

真新しい楢葉町の中学校

羽生は楢葉町の中学校も訪ねた。

改装された真新しい校舎には、学校の名前が3つ、書かれている。楢葉中学校、楢葉南小学校、楢葉北小学校。

「不思議な感じですよね」羽生は、看板を見上げた。

楢葉中学校では、子供の数が減ったため、２つの小学校と中学校が３校合同で授業を行なっていたのだ。校庭の隅には、放射線量を測定するモニタリングポストが置かれていた。学校は、この前年の２０１７年４月に再開したばかり。校門も廊下も全てがピカピカだった。

「新しくてちょっと羨ましい。一つ一つきれいですよね」

羽生は金メダルを持って、給食室に入っていた。


給食室には、小学生と中学生、およそ１００人が集まっていた。子供たちは、テレビの取材があるとだけ聞かされていて、羽生が来ることはサプライズだった。

子供たちが見つめる壇上に、羽生は突然、現れた。

「え？　え？　えー？」驚きの声が上がった。

平昌オリンピックで66年ぶりの連覇を達成。この前日には、国民栄誉賞を受賞したニュースが大きく取り上げられていた、あの羽生結弦が目の前にいる。

驚きの声は、大きな歓声と拍手になった。

「皆さん、こんにちは！」と羽生が呼びかけると、

「こんにちは！」子供たちの元気な声が響いた。

「元気だね。羽生結弦です。知ってる方？」

もちろん、子供たちは一斉に手をあげた。


校長が壇上の羽生に聞いた。

「どんな子供だったんですか？」

「小学校1年生とか2年生の時は、同級生の大きな女の子におんぶされたりとか、投げ飛ばされたりとか」意外な答えに子供たちから笑いが起きた。

「ドッジボールが好きだったから、ドッジボールで遊んでたかな」

「勉強とスケートを両立するために工夫したことはありますか？」

「工夫したことはないです。難しいもん……だって、難しくない？」羽生は同意を求めるように子供たちを見た。

「部活やってて疲れて帰ってきて宿題しなきゃいけないなんて。そりゃ、朝学校に行って

宿題するよね。先生に渡されたプリントとか、よく忘れていました。だから、提出物を出せてる子ってすごいなって思うし。僕よりすごいなって思ってます。だから皆も宿題やって、先生にプリントは出してね」

話が一段落すると、羽生は自ら子供たちに声をかけた。

「なんか質問ある人！　聞きたいことある人！」

子供たちが一斉に手をあげた。金メダリストに質問ができる、絶好のチャンスだ。

「オレンジのＴシャツ着てる子！」羽生は小学校低学年の男子児童を指差した。

「うーんと……。好きな食べ物はなんですか？」

「そうね……。好きな食べ物はね、餃子が好きかな。餃子好きな人？」

「はーい！」子供たちは元気に手をあげた。

「好きな食べ物とかいっぱいあると思うけど、食べられる時に食べるんだよ。食べられない時が絶対に来るから。太る、とか。お母さんが作ってくれないとか。そういう時いっぱいあるから」妙に実感のこもったアドバイスだった。

小学４年生の男子児童からの質問。

「オリンピックの競技中に思ったことや感じたことはありますか？」

「思ったことや感じたこと……。記者さんみたいだね。オリンピックの競技中はすごく緊張したんだけど、みんなが応援してくれるからすごく力をもらったし。いっぱい楽しんだかなって思います」

先生からも質問が出た。

「座右の銘はありますか？」

「座右の銘、何だろう。自分が生きていく中で、勉強したりスケートをする中でどういうことを大事にしているかって思ったら……」

羽生は少し考えた。

「初心忘るべからずっていう言葉があります。最初に思ったことというのは、一番心に素直で、一番自分がしたいことだったり、自分が気持ちいいって思えたり、自分がやりたいことだったり。そういうことが一番僕にとっては大事。やりたいと思ったことはとことんやろうと思っています」

こんな質問も出た。

「どうしてプーさんが好きなんですか？」

平昌オリンピックでも、羽生の演技後、観客がくまのプーさんのぬいぐるみを大量にリンクに投げ入れた。海外メディアからは「プーさんの雨」と名付けられ、平昌でのちょっとした名シーンとなっていた。

「プーさん好きな人？」羽生は逆に質問をした。

「はーい！」多くの手があがった。

「おー、めっちゃいる。めっちゃいる。もうプーさん好きは皆仲間だと思ってるから。プーさんが好きになった理由は、まあ……かわいいからっていうのが一番ですね。本当にほんわかしているし」

そして、他にも理由はあった。

「意外とプーさんっていろんなこと考えていて。いろんな哲学的な、生きるってなんだろうとかいろんなこと考えているから、ぜひぜひプーさんの言葉とか読んでね、中学生は」

中学生の陸上部員の男子生徒が緊張気味に聞いた。

「試合で体が固まって動けない時がある。そういう時にリラックスする方法があったら教えて欲しいなって思います」

「今、緊張しているよね、すごく。今も体、動かないでしょ。そういう時に、どうしたら体が動くかなって考えてみて。どういう時に楽しかったかなとか、ちょっと想像してみると意外と答えが見つかる」

　金メダリストのアドバイスは続く。

「例えば、部活動で一緒にやってる仲間がいる時は緊張しないし、学校が休みで体力が余ってたりとか、そういう時ってテンションが上がるじゃない。そういう時の自分をイメージする。すごく楽しいことを思い出したら、意外とできちゃったりするかな」

希望の星　楢葉の子供たちへ

　最後の質問が終わると、羽生は切り出した。

「これは言っていいのか分からないですけど……」

　楢葉の子供たちへ、伝えるべきかどうか迷っている思いがあった。

「今、ここにいる子たちは希望の星だし、だからぜひ、ここで……。この楢葉をちゃんと知っているからこそ、楢葉が辛かった時代を知っているからこそ、ぜひここで直接的に支援をできる立場になって欲しいなって僕はすごく思っています」

地元を離れて働く人々が多い中で、福島をはじめ被災地は特に働き手が少なくなっている。だからこそ、地元の希望の光になって欲しい。だが、そんな自分の願望を押し付けるのは、おこがましいことかもしれない。そう考えていた羽生は、迷った末に、子供たちに自分の思いを伝えることを選んだ。

「これはね、大人にしか分からないかもしれないけど、せっかく皆は楢葉のこと、福島のことをいっぱい、いっぱい知っているし、友達もたくさんいるんだから、楢葉への気持ち、故郷への気持ち、そういうものは常に大事に持って欲しいです」

その後、羽生は子供たちと記念撮影をした。

「ヤバイ！」羽生の金メダルを見た女子生徒が笑顔を見せる。

「みんなピースして！」羽生が声をかけ、みんながピースをして写真に収まった。

子供たちは花道を作り、一人一人、羽生とハイタッチをして見送った。

校舎から出た羽生に、子供たちは窓から手を振り続けていた。

「頑張ってね、いろいろ！　また大人になったら呼んでね」

羽生も子供たちに手を振り返す。

「元気でしたね。いいですね。何かちょっとでも力になれば嬉しい」

そんな感想を口にした羽生は、その場で、フィギュアスケートのジャンプのように、回転ジャンプをして見せた。子供たちから歓声が上がった。

「バイバイ！」

楢葉の未来を担っていく子供たちに、羽生も元気をもらった。


楢葉への訪問を終えた羽生は、改めて自分にできることを考えていた。

「こういう場所に足を運んでいろんなお話を聞いたり、自分自身が話す時にいろんなことを思い出したり、そういったことが自分自身もいろんなことを考えるきっかけになっています」

震災復興の道のりに重ねた、平昌オリンピックへの道のり。そこで、勝ち取った金メダルは、羽生自身だけでなく、楢葉で出会った人々をも笑顔にした。

「今回、とても強く思ったのは、僕が喜べること、僕自身が達成できたって喜びがあることっていうのは絶対に皆さんに還元されるんだなってこと。僕自身が心から喜べることを、しっかりやっていきたい。僕にできることっていうのが、だんだん大人になって明確になってきた気もするので、未来に向けて進んでいきたい」

2018年 福島・楢葉町へ 23歳

避難指示が解除され
住民が戻った町には新しい民家が

放射線量を計測するモニタリングポスト

楢葉町のキャラクター“ゆず太郎”を手に

裁縫教室を訪問　3年ぶりの再会

裁縫教室の人々に説明した
ハイドロブレーディング

（提供：森田直樹/アフロスポーツ）

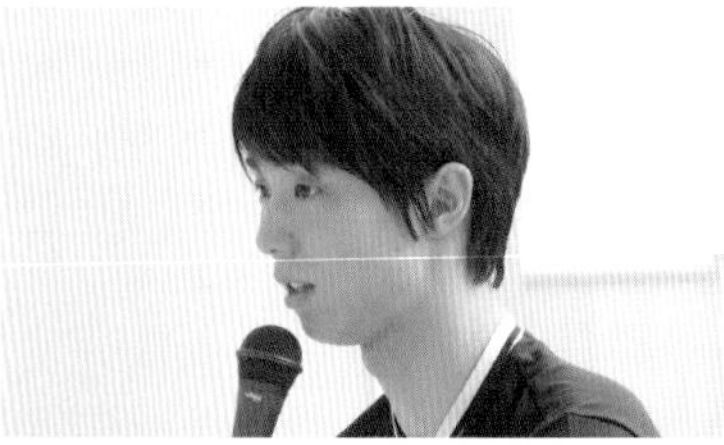

楢葉中学校を訪問

楢葉町その後

福島県楢葉町では、２０１５年9月に避難指示が解除され、住民たちが帰還できることになった。

町には、新しく住宅やショッピングセンターが造られた。サッカーのナショナルトレーニングセンター、Ｊヴィレッジも２０１８年に再開した。２０１９年には道の駅も再開し、日帰り温泉やレストラン、土産物店などがある。

２０２１年8月時点の居住者は、４１３７人。人口の約6割が帰還している。

楢葉中学校では、２０１８年、会社運営を学ぶ授業の一環として模擬会社を設立した。中学生らが楢葉町をアピールしようと、地元の特産品を使った製品を企画。地元企業などに依頼して商品化した。楢葉特産のゆずのハンドソープや、鮭のクッキー、地酒で作ったケーキ、裁縫教室の高原さんらが作った、楢葉のキャラクター「ゆず太郎」のぬいぐるみなどの商品を、東京・日本橋にある福島県のアンテナショップや、楢葉町の道の駅などで

2019年
東京・日本橋にある福島県のアンテナショップで
楢葉中学校で企画した楢葉の特産品が販売された
（提供：楢葉中学校）

販売。参加した生徒は「楢葉町について発信することが目標。着実に復興していることをアピールしたい」と話した。

楢葉中学校は、2017年の再開当初は子供の数が少なかったため、中学校と2つの小学校が3校合同で授業を行なっていたが、2022年度からは、人口増加を受けて、小学校と中学校が別々の校舎で授業を行なう予定となっている。

避難指示区域
（2020年3月10日時点）

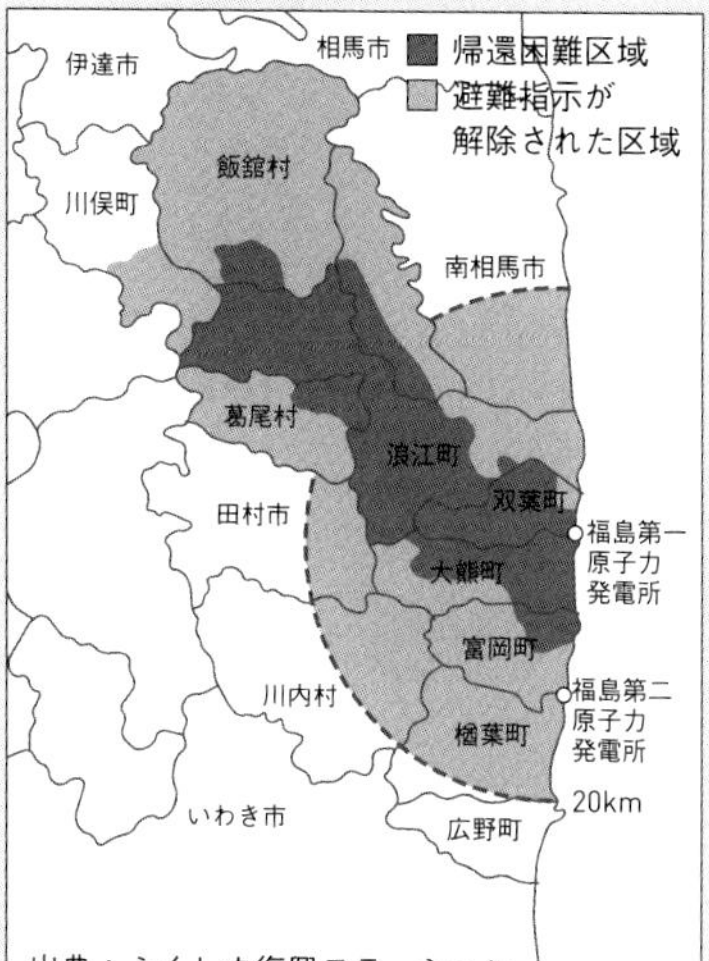

出典：ふくしま復興ステーション

一方、現在も福島県の富岡町、大熊町、双葉町、浪江町、南相馬市、葛尾村、飯舘村の一部は、放射線量が非常に高いレベルにあることから、帰宅困難区域に指定されている。

第 9 章

日本全国が“地元”
2019年
24歳

北海道胆振東部地震　厚真町へ

２０１９年６月。

羽生は、私たちの取材で北海道に向かった。


新千歳空港から、厚真町へ幹線道路を進む。

すると、緑豊かでほのぼのとした景色が突然、変わった。

「改めて……すごい範囲なんだと思いました。至るところにある」

それは、山肌が剝き出しになった、崖崩れの跡だった。

「土砂崩れの跡とか崖崩れの跡とかはあまり見たことはなかった。こうやって土が剝き出しになっている感じに……新しいショックを受けています」


この９カ月前の２０１８年９月、北海道の胆振地方で最大震度７の地震が起きた。

この北海道胆振東部地震では、広い範囲で土砂崩れが起きた。厚真町では、37人が死亡した（関連死含む）。

羽生は車から降りて、崖崩れを見上げる。

一面の崖崩れが、民家をのみ込んでいた。土砂に押しつぶされた民家のそばには、車や瓦礫が散乱していた。

地震の後、長い冬を迎えた北海道では、復旧作業が中断。春に再開されたばかりで、作業は思うように進んではいなかった。

「思い出しますね、この感じ」

羽生は土砂にのまれた赤い屋根を見つめ、地面の瓦礫を指差した。

「この感じ……本当に津波と一緒だなって思いました。流され方とか。思い出しますね、あの頃のこと」

津波と土砂崩れ。被害の原因は違うが、押しつぶされた民家に垣間見える人々の生活の跡には、重なるものがあった。

「本当に、一瞬だったんだろうな。当時ニュースで見て思ったんですよね。山で津波が起きているって。家とか、生活の断片が見えているので、どうしても津波を連想してしまう。

そういうものが一瞬でなくなってしまう。津波と同じようなものを感じました」

　瓦礫はよく見ると、毛布や食器だった。

「辛くなりますね、やっぱり。海と山って全く違うけど、生活が壊されてしまっている被害を見ると、どこでもこういうことは起きてしまうんだなと、改めて感じないといけないと思いました」

　日本に住む限り、地震の危険とは隣り合わせだ。この先も大地震が起きる危険性は常に指摘されている。

「だから備えなきゃなって思うんですよね。災害はどうしようもないことかもしれないですけど、ちゃんと自分ができる最善のことを自分たちがやらないといけないとすごく感じます」

　そして、災害が起きてしまったら――。

「逃げて欲しいなって思うんですよね。もちろん動けない方もいらっしゃるし、どうサポートするか答えは出ていないと思う。あっという間にこうなってしまう。

　でも、みんなで力を合わせてみんなのことを守っていかないとダメだなって思います。どこに住んでいても……海でも内陸でも山でも、命だけは守らないとなって改めて感じました」

今回、北海道を訪問したのは羽生の希望だった。

「地震で大変だった時期をニュースでも見ていて。こちらにもお伺いして、ちょっとでも何か、頑張るきっかけになったらなと思って」

日本代表としてオリンピックなどで試合に臨むうち、東北だけでなく、日本全国を自分の〝地元〟と感じるようになったと羽生は言う。

「日本全体が地元っていう感じで、活動したい気持ちになっている」

各地で起きた震災や自然災害について、自分にできることはあるのか、考えるようになっていた。

ハスカップ農園の被害

羽生はハスカップ農園を訪ねた。ハスカップは厚真町を代表する果物だが、今回の地震で大きな被害を受けていた。

坂道を登ったところに農園の入り口がある。そこで、農園を経営する山口善紀さんが迎えてくれた。

「ようこそ厚真町へ。初めまして、よろしくお願いします」

「羽生です。よろしくお願いします」

その場の雰囲気を明るくするような笑顔が印象的な山口さんは40代。親子二代でハスカップを栽培している。

「目の前に見えるのが全部ハスカップです」

一面に、ハスカップの木が植えられていた。人の身長よりもやや低い高さだ。


ちょうどハスカップの実が熟し始める時期だった。

実は、ブルーベリーのような紫色。少し細長い形をしていた。

「初めて見ました。これはもう食べられるんですか？」

「もう食べられます。食べてみます？」

山口さんはハスカップの実を一つ取り、羽生に手渡した。

「ありがとうございます」と、羽生は口に含む。

「あ……」ゆっくりと味わった。

「おいしい。すごくおいしいです」

「嬉しいです」山口さんはほっとしたような笑顔を見せた。

「すっぱいですけど。酸味って感じのすっぱさじゃない。フワーッて、爽《さわ》やかな感じの広がり方をするから食べやすい。おいしい、ありがとうございます」

　厚真町は前年のハスカップの生産量は日本一だった。「ハスカップの町」として、町をあげてアピールをしていた。

　ハスカップにはいくつかブランドがあり、それぞれ味に違いがあるという。

　羽生は別のブランドの実も食べてみた。最初に食べたものよりも少し、大きかった。

「おいしい！」こちらの味も気に入った様子だった。

「すごく濃厚な感じ。イチゴっぽいですよね、若干《じゃっかん》。最初の実はブルーベリーっぽいと思ったけど、これはイチゴに近い。美味しい」

　山口さんは、こんな豆知識を披露した。

「花が2個咲いて一つの実になる。だから花言葉が〝愛の契り〟。ちょっとね……ロマンチック」

「ロマンチックな感じ。かわいい」羽生も笑顔になる。

畑を歩きながら、山口さんは羽生にハスカップの説明をした。

野生のハスカップは、とても酸味が強いこと。そして、元々は梅干しのように塩漬けにして食べるのが主流だったこと。山口さん一家はハスカップの品種改良をして、甘いハスカップを作ることができたこと。

ただ、ハスカップは実が柔らかく、生の出荷は向かないので、ジャムやジュースなどの加工品として流通することが多いこと。

1万本以上が土砂に埋まる

そんな話をしながら2人が歩いていると、大きな崖崩れが見えた。山肌が一面、削り取られていた。畑の一角には、土嚢《どのう》が並べられ、土砂を堰《せ》き止めている。

「去年の地震で、５００本くらい埋まったんですね、あそこに」

山口さんの農園では約５０００本のハスカップを栽培しているが、その十分の一にあたる約５００本が土砂崩れで埋まってしまったという。

羽生は、山口さんと土嚢の上に登り、土砂で埋まった畑を見つめた。土砂の端には、押しつぶされたハスカップの木の枝が覗いていた。

「これを見た時は絶望しかなかったです」

山口さんは話した。

「町全体では４万本以上生産されていた。そのうちの１万１０００本以上が被害にあったんです」

「４分の１以上……」羽生はその被害の大きさを反芻《はんすう》した。

さらに、苗木を植えても、元の大きさに成長するのに10年ほどかかると、山口さんは説明した。

「小さいうちは同じ量が取れるわけではないですもんね……」

気の遠くなるような現実だった。

それでも山口さんは、町の約１００軒のハスカップ農家全員で力を合わせて頑張っていきたいと語った。

「１万本が元に戻るのに10年かかるとしたら、２万本を植えるくらいの勢いで仲間たちと頑張っていきたい。震災でハスカップを知った方もたくさんいると思う。せっかく知ってもらったんだから、この美味しいハスカップを届けたい、食べて欲しいという思いが強くなった」

山口さんは実際に、全国のデパートなどで開かれる北海道物産展に足を運び、ハスカップの商品を精力的にＰＲしている。

「ハスカップの美味しさを知ってもらうことで仲間たちのこれからの復興に向けての活力になってくれればいいと思って頑張っています」

山口さんの言葉に、羽生は笑顔を見せた。

「すごく前向きだなって思いました。前を向いていらっしゃるその力が、すごく力強いなって。そこに考えつくまでに相当な苦労をされたと思うんですけど……」

「僕の中では、元に戻すという気持ちよりも、希望を持ってやっていったほうが復興につながると思っています」

「ぜひぜひ、全国に展開してください。食べることで応援できるなら……」

目の前には、土砂に埋まったハスカップの畑が広がっている。それでも、山口さんは前を、未来を向こうとしていた。

ハスカップの箱詰め作業も始まっていた。

山口さんが羽生を作業所に案内すると、そこには、山口さんの母、美紀子さんがいた。

「41年前にハスカップ栽培を始めたうちの母です」

美紀子さんは羽生を見るととても驚いた様子だった。実は、美紀子さんは羽生の大ファンだという。

「すみません、お忙しいところに」羽生は美紀子さんに手を差し伸べ、握手をした。

「……本当に幸せです」そう言ったきり、美紀子さんは言葉にならない様子だった。いつもテレビに向かって応援していた羽生が目の前にいる。

「良かったね、母さん。ハスカップ作ってて良かったね」

思わぬ親孝行に山口さんも笑顔だった。

そして、山口さんの妻、さゆりさんが、羽生にハスカップを使ったスムージーを手渡した。さゆりさんは厚真町でカフェを開き、生食には向かないハスカップを、ソフトクリームやパフェ、スムージーなどに加工し、販売している。

「いただきます」紫色のスムージーを、羽生は口に運んだ。

「めっちゃおいしいです。おいしくて普通の口調になった」そう言って、笑った。「スムージーというより、アイス感もある」普通のスムージーよりも、とろみが強い食感だった。

「冷凍果実とジャムを使ってるんですけど、ハスカップは酸が強いので、牛乳を入れるととろみが出るんです」さゆりさんが説明した。

羽生は、ハスカップのスムージーをいたく気に入った様子だった。

「これ若者に受けますよ。チョコレートにも合いますよ」

安平町　仮設住宅の暮らし

続いて羽生は、厚真町に隣接する安平町に向かった。

仮設住宅に住む、鈴木さん一家を訪ねた。

呼び鈴を鳴らすと、ドアが開いた。

「こんにちは」と羽生が挨拶すると、鈴木さんは羽生を中に招き入れた。

鈴木さんは一家４人で仮設住宅に住んでいた。

リビングに入ると猫が２匹いた。黒い猫とキジトラ柄の猫だ。

「あ、かわいい。お邪魔しちゃってごめんね」猫が好きな羽生は、思わず猫に近づき、覗き込む。羽生は猫をなでさせてもらった。

小学4年生、次女のほのかさんが羽生に猫の名前を教える。

「こっちがひかりで、あっちがくうっていう名前」

「ひーちゃんとくーちゃんですね。かわいい。かわいい……癒し。すみません、猫に見とれている」

鈴木さん一家にとっても猫は大きな癒しでもあり、大切な家族でもあった。地震直後、避難所に行ったが、猫は入れなかったため、一月《ひとつき》ほど友人に預かってもらっていたという。震災時のペットの避難はまだ解決されていない問題だ。鈴木さんは仮設住宅に入居し、再び猫と暮らせるようになった。部屋には、ボランティアがキャットウォークもしつらえてくれたという。

そんな話をしていると、中学3年生の長女、なぎささんが帰ってきた。

「おかえり！」

母・恵さんの声がしたほうを見ると……、なぎささんは無言で妹・ほのかさんに倒れ込み、抱きついた。

「これってサプライズだったの？」羽生は少し驚いた様子だった。

声が出ない姉の代わりに妹が答える。「聞いてなかった」

なぎささんは涙目になっていた。

母、恵さんが「嬉しいよね」と声をかけると、なぎささんはうなずいた。

「良かった。嬉しく思えてよかった。マジかよー、羽生かよーとかならなくて」羽生は冗談めかして言った。

「一番最初にフィギュアを知ったきっかけは、羽生君」次女のほのかさんは笑顔で話した。

羽生の訪問はここでも人々を笑顔にする力があった。


一方、仮設住宅は、３部屋。親子４人と猫２匹には手狭《てぜま》だ。

「さすがに、狭いよね」

一部屋は、受験生のなぎささんの勉強机や、タンスを置くとそれでいっぱい。

父は、リビングで家具を避《よ》けて寝て、もう一部屋に母と娘２人が３人で寝ているが、布団を３枚敷ける広さはないという。

「こっちの部屋に３人で重なって寝ている。寒い時はいいけど、暑くなってくるとお互い蹴飛ばしあって」

鈴木さん一家は、自宅の建て替えが終わる日を待っていた。

懐かしいコーチとの再会

今回の北海道訪問で、羽生には会いたい人がいた。

山田真実コーチ。羽生がスケートを始めた4歳の頃のコーチだ。現在、札幌でスケートを教えている。

しかし、北海道胆振東部地震で、山田コーチと子供たちが練習する札幌のスケートリンクは全て閉鎖。しばらくすると車で片道2時間ほどの村のリンクで練習することができるようにはなったが、十分な練習とは程遠い状況だった。

羽生自身もまた、かつて東日本大震災で拠点の仙台のリンクが一時閉鎖した。

「先生が無事なのは知っていましたが、電気が止まってリンクで練習できていないって聞きました。自分も練習できない時期がありましたし……。自分が練習したいリンクで練習ができないのはすごい大変だと自分も分かっているし、そういう子たちに何かちょっとでも支援ができたらなと思いました」

地震で大変な思いをする中で、スケートを頑張っている後輩たちの参考になれば……。

そんな思いで、羽生は、子供たちに自分の練習を見学してもらった。

羽生が練習するスケートリンクに、子供たちが入ってきた。

「羽生君？　羽生君？」

「え？　え？」

「本人だよね？　本人だよね？」

子供たちには羽生が練習していることは知らされていなかった。突然、目の前に現れた金メダリストに驚きの表情を浮かべた。

「こんにちは。よろしくお願いします」羽生は笑顔で子供たちに近づき、挨拶した。

子供たちはリンクサイドに腰掛け、羽生の練習を見学した。

4回転トウループ。

4回転サルコウ。

羽生が世界で初めて成功させた4回転ループ。

そして最高難度の4回転ルッツ。

世界の頂点に君臨する羽生が繰り出す、超高難度のジャンプの数々。スケートを習ってはいても、滅多《めった》に間近で見られない世界トップの技に、子供たちの目は輝いた。

山田コーチは、子供たちにスピンとステップも見せて欲しい、と羽生に頼んだ。羽生はスピンにもステップにも定評がある。

羽生が「ステップ何がいいですか？」と先生に聞くと、

「『ＳＥＩＭＥＩ』がいい」と子供たちからリクエストがあった。平昌オリンピックで金メダルを獲得したフリープログラムだ。

「まさかの子供からリクエストが来た」羽生は笑顔でiPodを操作する。

待ちかねた様子の子供たちが見つめる中、フリープログラム「ＳＥＩＭＥＩ」の音楽が流れた。

音楽に合わせて羽生が両腕を広げ、ステップをふむ。羽生の代名詞、ハイドロブレーディング、さらにイナバウアー。見せ場が満載だ。

そして羽生は子供たちに、ジャンプの着氷は流れが大切だと伝えた。

また、リンクの四方に観客席があるフィギュアスケートでは、全ての角度から見られることを意識することも大切だ。

「フィギュアスケートって全部見られるし、全部見えちゃうし。姿勢もどこから見ても美しいことを意識して。頭の角度はこうかな、とか、こっちの角度からは綺麗かどうか、とか」

子供たちに伝えたいこと

練習後は、子供たちから質問を受けた。

「回れるコツはあるんですか？　スピン、ジャンプとか」

「自分がコマになった気持ちになる。回ってる時に全然揺れないでしょ。あのイメージで自分が回ったり跳んだりする。自分の軸がどこなのかをしっかり定めて。真ん中にあるものを真ん中に持っていけるようにっていうのをひたすら陸上でやると、氷上でもできるようになる」

羽生は1日100回、200回と決めて練習し習慣化することで、何も考えなくても軸に入れるようになる、と手振りを交えて説明した。

「食事で気をつけていることはありますか？」

フィギュアスケートのジャンプは体重が数百グラム変わると感覚が変わるといわれている。選手にとって、体重管理は大きな課題だ。

羽生は、理想の体型は人それぞれで、必ずしも細ければいいわけではない、と話した。

「君だったらもうちょっと太くても、筋肉をつけても大丈夫。骨格がしっかりしているから」ジャンプを跳んでみた時の自分の感覚が大事だと話した。

「毎日体重を測って、毎日練習してノートをつけて、この体重の時こういう練習だった、前の日こういうものを食べてこうだったな、とかそういうことを書いているとなんとなく分かるよ。筋肉がついた時にジャンプが跳べるか。跳べたら正解。跳べなくなったらそれは違う」

羽生は、疲れが取れる鶏胸肉を食べるよう心掛けていると付け加えた。

「大会の直前に緊張を解消するのに何かしたりしますか？」

「一般論を言うなら、リラックスする何かを見つける。自分が一番リラックスするものは何だろうって考える。例えば、漫画を読んでいるのか、お風呂に入っているのか、歌を歌っているのか。自分が一番リラックスしていることを考えて、その時の気持ちになる。どれだけ周りが『試合だよ』って空気感を出していても、自分の中だけでお風呂のイメージを作ればいい」

ただ、試合の緊張感の中では、簡単にリラックスできるものではない。羽生は日頃から、練習を試合だと思って取り組み、その中でリラックスする方法を見つけることを勧めた。

「自分の中でお風呂のイメージを作れれば、作る。イメージできなければ、深呼吸か、目をつぶって横になるとか、何かしら自分の方法があるから、それを見つける。毎日やっていくと絶対何かがあるから。その何かを見つけたら絶対強くなると思う」

でもこれは一般論だ、と羽生は続けた。羽生の場合はリラックスしていると試合で上手く集中ができないという。

「僕はリラックスするんじゃなくて、楽しくやるんじゃなくて、絶対勝つ、絶対負けたくないと思ってやる。そうするとだいたい集中できるかな」

何がベストかは、人それぞれだ。それは、自分自身で見つけなければならない。

「自分が調子の良い時を思い出すと、良い試合の共通点があるから。その共通点を思い出して、毎日の練習で試してみると分かるかな」

そして羽生は、自分自身がどう練習に取り組んでいるかを子供たちに伝えた。

「たまにはみんな無理してね。無理しないと限界超えられない。しんどいな、辛いな、練習やりたくないなって思っている時は、この一回やったら上手くなるかもって思って毎日頑張ると全然違うから。筋トレすることは無駄になることはあるけど、それをやった自分の気持ちは絶対に鍛えられているから、それは大事にして欲しい。絶対に練習は無駄にならないから」

オリンピックを連覇した羽生だからこそできるアドバイスだった。

「周りと一緒に流されちゃダメ。周りがやっていることを同じようにやっちゃダメ。周りがやっていることの１・２倍やる。もしくは２倍やる。自分は３倍やる。だって、３倍やったら絶対上手くなる」

かつての自分と同じように、震災で十分な練習ができなくなってしまった子供たちへ、伝えたいことは尽きない。

羽生は、平昌オリンピックの金メダルを取り出して子供たちに見せた。

金メダルを持った子供がつぶやく。「重い……」

「その重さを覚えているんだよ」羽生は言った。

「イメトレって大事だよ。自分が取れるって思ったら、取れるよ。みんなできるんだよ、やろうと思えば。真実先生に頑張ったねって言ってもらえるように頑張って」

そして、羽生は山田コーチの首に、金メダルをかけた。

「先生にたくさんいろんなことを教えてもらったからこそ、今練習で辛いことがあっても頑張れているんだなって。始めた時に真実先生がいなければ、こうならなかったので。本当にありがとうございます」

誰もが知るスター選手になった教え子に、山田コーチはこう声をかけた。

「いろいろ辛いこともたくさんあったと思うし、今もあると思うけど……」

「はい」と、羽生はうなずいた。

「諦めないで。注目されてもそれを栄養にして。気にしないで。栄養にしてもっと大きくなって」

懐かしいコーチとの再会。そして、かつての自分と重なる境遇の子供たちとの交流。

「ちょっとでも今日見てくれたみんなが練習を頑張るきっかけになったら嬉しいです」

山田コーチや子供たちから笑顔で見送られた羽生も、笑みを浮かべていた。

2019年 北海道へ 24歳

厚真町

北海道・胆振東部地震の被災地
厚真町へ

ハスカップ農園を訪問

ハスカップの実を試食

ハスカップ農園の山口善紀さん

土砂崩れで埋まったハスカップ畑
土嚢の左側が土砂

土砂で埋まった畑には雑草が

安平町

仮設住宅に住む鈴木さんを訪問

ペットも大事な家族の一員

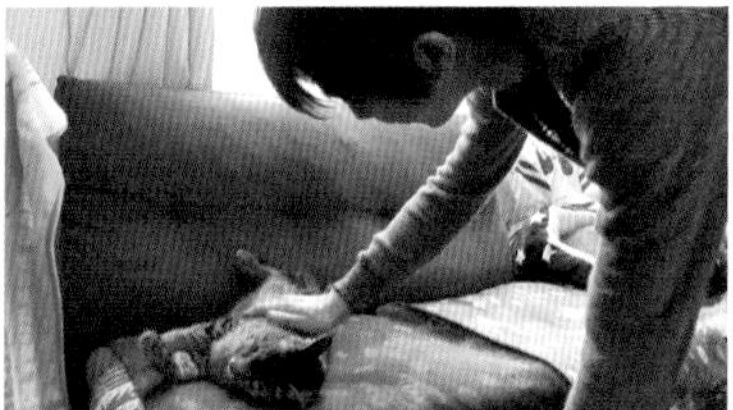

懐かしいコーチとの再会

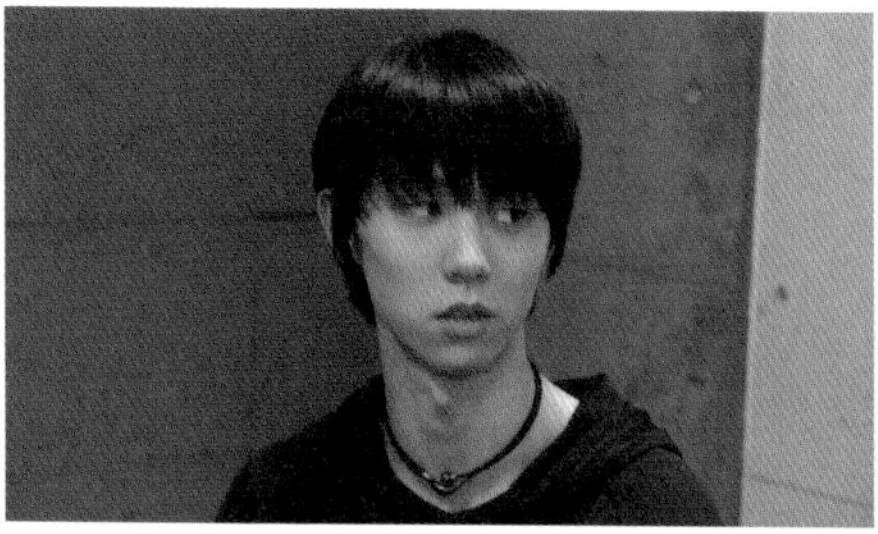

山田真実コーチの教え子と交流

生徒たちにスケートのお手本

北海道胆振東部地震

2018年9月6日、午前3時7分。北海道胆振地方の中東部で、最大震度7の地震が起きた。北海道で震度7が観測されたのは、初めてだった。

厚真町を中心に広い範囲で土砂崩れが起き、民家がのみ込まれた。崩壊面積は、44平方キロメートルで、明治以降の主要な地震災害の中で最大となった。(国交省)

震度分布

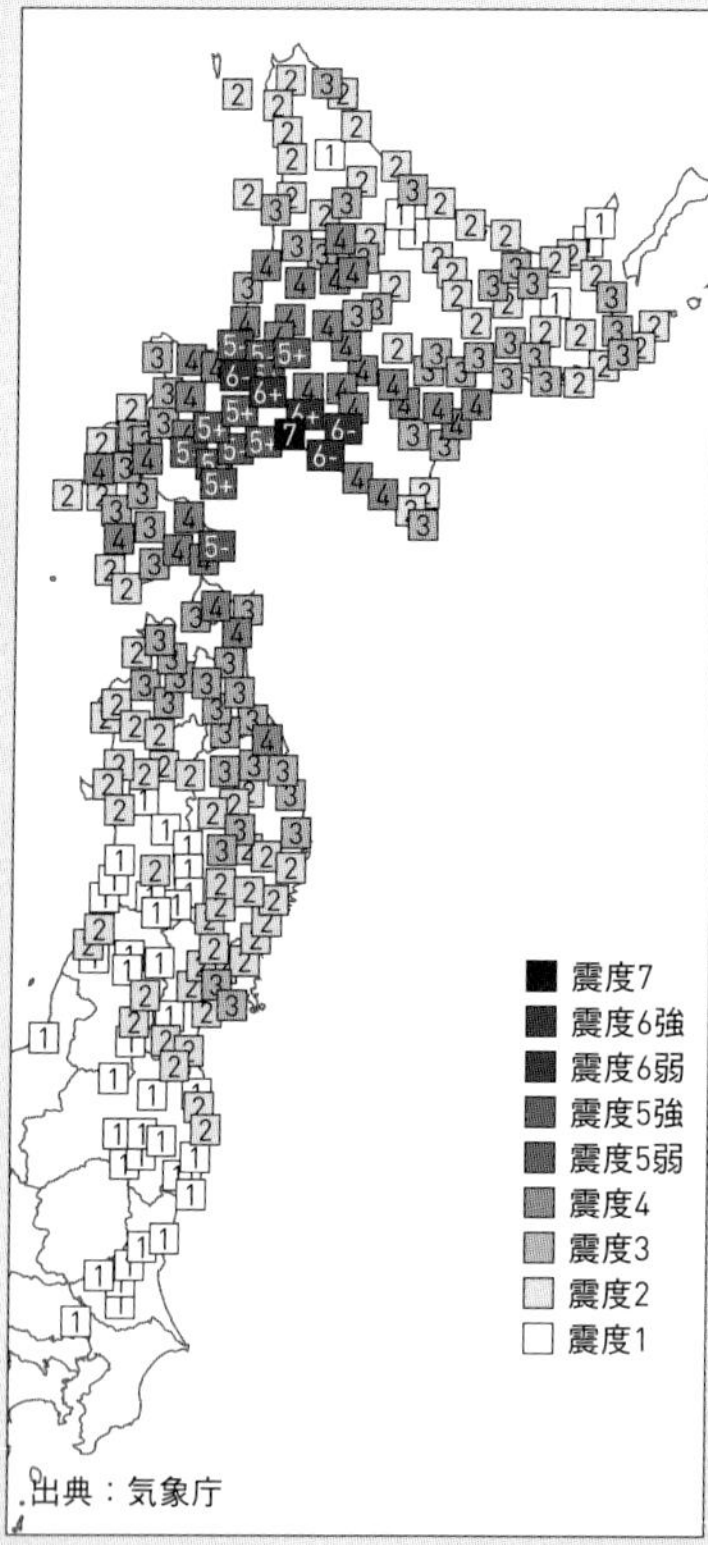

震源地:北緯42度41.4分　東経142度00.4分
震源の深さ:37km　マグニチュード:6.7

地域の主要産業である農業も大きな被害を受け、稲作や、ハスカップなどが打撃を受けた。また、北海道ほぼ全域で大規模

な停電が発生。断水も起き、累計の避難者数は、1万6649人にのぼった。（北海道）
札幌市でも液状化現象が起き、道路や住宅が陥没したり傾いたりするなどの被害が出た。
また、44人が死亡し、785人がケガ。住宅491棟が全壊し、4万8926棟が半壊・一部損壊した。（北海道2021年8月）

第10章

動き出した"時間"

2020年

25歳

震災で封印されていた記憶

2020年2月。

25歳になった羽生は、韓国で行なわれた主要な国際大会、四大陸選手権に出場した。この大会は、羽生と震災との関わりで大きな意味を持つものとなった。

一方、この大会で、羽生にはスーパースラムと呼ばれる快挙がかかっていた。それはジュニアとシニアの主要な国際大会、6大会全てで優勝すること。ジュニア世界選手権、ジュニアグランプリファイナル、シニアの世界選手権、グランプリファイナル、オリンピック。そしてこの四大陸選手権だった。男子シングルの選手で、スーパースラムを達成した選手は過去にいなかった。四大陸選手権以外の大会では、既に金メダルを獲得していた羽生は、スーパースラムに王手をかけていた。

その四大陸選手権。羽生はショートプログラムで会心の演技を見せた。111・82点、自らの世界最高得点を更新した。

２日後のフリースケーティングでは、最高難度４回転ルッツを含む４本の４回転ジャンプに挑んだ。

羽生は、四大陸選手権で初めての金メダルを獲得し、スーパースラムを達成した。

試合後、羽生はこう語った。

「今回、初めて金メダルを取れたのが、自分の中で震災に絡んでいます」

羽生が初めて四大陸選手権に出場したのは、２０１１年の2月だった。当時16歳、シニアデビューしたシーズンでの銀メダルは、快挙だった。しかしその20日後に東日本大震災が起きた。

「あまり鮮明に思い出したくないって思うんですけど、あの頃のこと。銀メダル取って嬉しかったっていう思いもあったんですけど、それ以降の衝撃が強すぎて、あの頃の記憶って定かではない。ちゃんと思い出せないんです」

羽生の中で、快挙の記憶は封印されていた。四大陸選手権は、２０１１年から時が止まっていた感じがしていたという。

それが、今大会の後。

「自分が初めて出てからどのくらいたったかなって思い出した時に、そういう意味づけをしてしまったんです、自分の中で。四大陸で金メダルが取れるっていうのは、自分にとって、ある意味やっとあの時の自分から、やっと進めたんじゃないかなっていう感覚がありました」

止まっていた時が、動き出した。すごく嬉しい、と羽生は続けた。

「自分にとっては、スケートの出来事がちょっと進めると、なんかちょっと震災からまた一歩踏み出せるようになったと思えるようになったと思う。ある意味やっと進んでいいよって言われたんじゃないかなっていう感覚がありました」

スケーターとして、一人の人間として

この時、震災から9年が経とうとしていた。羽生は、震災と向き合い続けてきた。もっといろいろ考えないといけない。もっといろいろなことを受け止めて、忘れないように大事に持っていなければならない。その思いは9年が経ち、より強くなった。そして、それを踏まえた上で、共に歩けている感じがしていると話した。

今でも、震災について、自分がどうすればいいのか分からないことはある。東日本大震災以降も、日本各地で震災や天災は起き続けている。

そんな中で、自分のスケートを見た時に、元気になったとか、何かの力になったとか、そういうきっかけになれば一番いいという思いが根底にある。

「それがプレッシャーになったりもするんですけど、もちろん。プレッシャーじゃないって言ったら、もちろん嘘になるんですけど」

しかし、だからこそ。

「強くなりたいな、良い演技をしたいなって思える」

強くなりたい、良い演技をしたい。その気持ちは変わらない。

スケーターとして、一人の人間として、自分には何ができるのか。

「スケーターとしてまず何ができるのかって考えたし、一人の人間として何ができるのかってすごい考えたし。スケーターとしての視点と一人の人間としての視点と、両方すごく複雑に考えるようになった。大人になったってことかもしれないですけどね、あの頃より」

もっと何かできること、しなくてはならないものがあるのではないかという思いも増えた。

羽生は自らに問い続けている。

第11章

東日本大震災から10年
2021年
26歳

共に、前へ

震災から10年の節目を迎えた２０２１年。

世界は、新型コロナウイルスのパンデミックの最中にあった。

「僕にとっては、やっぱりあの頃の思いと似たようなところはあります」

26歳になった羽生は、私たちの取材に、感染拡大が続く中、震災の時と同じような気持ちを感じていたと話した。

「自分が滑って良いのか分からない時期はすごく長くありました」

２０２０年の秋は、感染拡大を危惧し、試合を欠場したこともあった。それでも、羽生の演技で勇気づけられた――、人々のそんな思いが、滑ることを後押しした。

「みなさんに光を届けたいというか……自分自身がちょっとした光になりたいと思いながら滑らせてもらっています」

羽生は、コロナ禍で練習拠点のカナダに行くことができず、震災の瞬間に練習していたアイスリンク仙台で一人、練習を続けていた。16歳の時の震災の記憶は、今もなお鮮明だ。

「当時の記憶は、スケートをしている時にふと出てくることはあります。自分自身ここで震災を経験して、その時に見た光景、その時の音は生々しく覚えているので」

　思い出そうとしなくても、記憶はふと、〝降りてくる〟――。

「でもだいぶその記憶たちと共存しているなとは思っています」

　震災後の数年間、羽生を苦しめたフラッシュバック。もう嫌だ、思い出したくない、と、封じ込めようとしていた記憶と、今は共にいられるようになったと、羽生は言う。

　その理由を問うと、こう続けた。

「オリンピックで金メダルを2つ取って、みなさんの前に行って、実際に一番辛い経験をされている方々とお話しして、その中で、笑顔を見て。自分がいま、滑っていていいんだなっていうか……。スケートを滑っていることは幸せだと思うんですけど、その幸せを感じていいんだなと思えるようになったからかなと思います」

　羽生が被災地で出会った、人々の笑顔。

　金メダルは羽生の人生の夢だった。そしてその金メダルは、被災地の人々に笑顔をもたらしていた。それは、羽生にとって、オリンピックの価値を確かなものにしてくれた経験だった。被災地のために自分が、できることがある――。それは、誇りにもなっていた。

「直接声を聞いたり、笑顔を見たり。そういった中から何かできたんだなっていう思いを感じることができているので。そういう機会があったからこそ、今スケートができているんだなって」

一方で、震災直後、仙台を離れスケートを続けたことへの負い目。小さくなってはいるものの、羽生の中で傷跡として残っているという。

「でもそれもまた羽生結弦なので。それとともに滑って頑張っています。アスリートとして難しいことに挑戦して、高みを目指して頑張ります」

もちろん、夢を叶えるのは、大変なことだ。目標が高ければ高いほど、困難は増す。競技を続ける上で、辛いこともたくさんある。

「でもそれが、ある意味復興だったり、前を向いて進んでいく姿だったり、そういったものに重ねられると思います」

自分の夢を叶えることが、誰かの笑顔に、力になっている。

自分が頑張ってきたことが、自分の気持ちだけでなく、いろんな人々の思いに寄り添うことにつながっている。それは、自分自身が前に進むための原動力になっていると羽生は言う。

「スケートを通じて、自分の思いも、そしてみなさんが持っている何かしらの感情——苦しみだけじゃなくて幸せも、全てに寄り添っていけるような演技をしていけたらいいなって思います」

人々が自分の演技を見て、少しでも前を向くきっかけになったら——。

ふるさと東北への思いを胸に。スケートと共に、前へ。

「僕自身、しっかり前を向いて突き進んでいきたいなと思います」

2020年
止まっていた時間が動き出す　25歳

（提供：松尾/アフロスポーツ）

2020年2月　四大陸選手権 初優勝　（提供：AP/アフロ）

そして、2021年　26歳

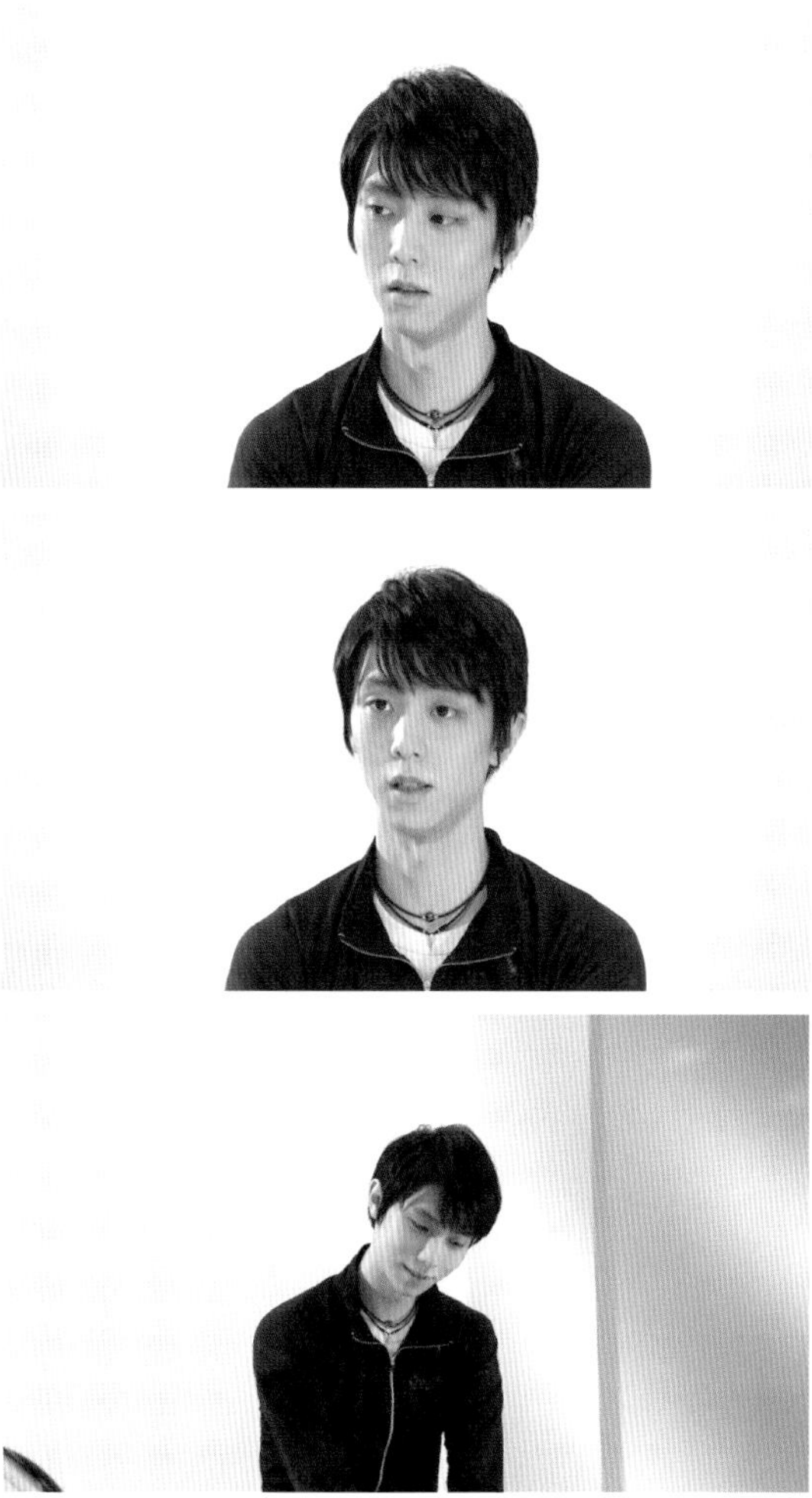

震災10年の節目に

あとがき

この書籍は、２０１１年から日本テレビの報道番組「news every.」の企画として、羽生結弦選手と東日本大震災との関わりをテーマに取材してきたものをまとめたものです。２０１４年以降は、その一部が日本テレビのチャリティー番組「24時間テレビ」でも放送されました。

長期間にわたる取材・企画の放送は私一人でできるものではなく、その過程で多くの方々にお力添えをいただきました。心より御礼申し上げます。

一連の取材は、日本テレビ報道局の幹部の方々、「news every.」の歴代のプロデューサー、デスク、ディレクター、アシスタントディレクター、そして映像取材部など、多くの方々の理解と協力で続けることができました。特に、編集担当者とは10年間、〝思い〟を映像でどう伝えていくのか、共に試行錯誤できたことに感謝しています。

そしてＮＮＮ系列の宮城テレビ放送、福島中央テレビ、札幌テレビ放送の皆様。日頃から被災地の取材を続けている記者の方々には、取材テーマの相談や取材対象となる方々の紹介など、大変助けていただきました。また、地元のカメラマンだからこそ捉えることができた映像も多数ありました。

「24時間テレビ」では、「news every.」とはまた違った形で伝える機会をいただきました。

今回の書籍化にあたっては、祥伝社の方々と日本テレビのグローバルビジネス局、羽生選手の関係者の方々にご尽力いただきました。

そして取材に協力してくださった被災地の皆様。

震災を経験していない私に、その時々の状況や思いを丁寧に話してくださり、ありがとうございました。辛いこともたくさんあるなかで、それでも前を向こうとする皆様の姿には、深い感銘を受けました。また、皆様が羽生選手と会った時の笑顔も、心に強く残っています。

最後に、羽生結弦選手とご家族の皆様。

未曾有の災害にあった当時16歳の少年が、10年間何を思い、考え、そして行動してきたのか——その記憶を伝えていく機会をいただき、ありがとうございました。心より感謝いたします。

２０２１年秋

「news every.」ディレクター
海老澤　明子

共《とも》に、前《まえ》へ　羽《は》 生《にゅう》 結《ゆ》弦《づる》　東《ひがし》日《に》本《ほん》大《だい》震《しん》災《さい》10年《ねん》の記《き》憶《おく》

令和 3 年 11 月 10 日　初版第 1 刷発行

著　　者　日本《にほん》テレビ「news every.《ニュース エブリ》」取材班《しゅざいはん》

発 行 者　辻　　浩　明

発 行 所　祥　伝　社

〒101-8701
東京都千代田区神田神保町3-3
☎03(3265)2081(販売部)
☎03(3265)1084(編集部)
☎03(3265)3622(業務部)

印　　刷　堀　内　印　刷

製　　本　ナショナル製本

出版プロデュース　将口真明、飯田和弘（日本テレビ）

ISBN978-4-396-61753-0 C0095
祥伝社のホームページ・www.shodensha.co.jp